JUDENTUM
FÜR
EINSTEIGER

Band II

Schabbat

Von Rabbiner Schmuel Bistritzky

EDITION
BOOKS&BAGELS

JUDENTUM
FÜR
EINSTEIGER

Band II

Schabbat

Titel der hebräischen Originalausgabe:
» יהדותון - שבת קודש «

Für die Originalausgabe:

LeDorot publishing
www.ledorot.co.il

Aus der Schriftenreihe Yahaduton
www.yahaduton.com

Für die deutschsprachige Ausgabe:

Übersetzung: Miriam Magall, Berlin
Textredaktion: Books&Bagels

Veröffentlicht mit Unterstützung
der Stiftung Irene Bollag-Herzheimer

ISBN: 978-3-9524212-2-2
Gesetzt aus Times New Roman und Calibri
Printed in Israel

Sie finden uns im Internet unter:
www.booksnbagels.com

EDITION
BOOKS&BAGELS

In liebevoller Erinnerung an

Benny Ben-Ami

[1976 - 2017]

לעילוי נשמת

בנימין אליעזר שמואל בן יוסף שאול עזרא

נפטר כ"ד אב תשע"ז

Inhalt

Praktische Ratschläge für den Schabbat

B"H

Vorwort

Ein Freund erzählte mir einmal, dass er seine Ferien auf einer weit entfernten Insel verbracht hatte, dort aber nicht zur Ruhe gekommen war. Als er in die Lobby des Hotels eintrat, hörte und sah er die Fernsehnachrichten, die ihn an den Stress zu Hause erinnerten. Als er die Straße entlang schlenderte, klingelte sein Handy… Dieses Jahr hat er seine Ferien in einem Dschungel irgendwo in Afrika verbracht, wo es keinerlei technische Kommunikationsmittel gab. „Das war Ruhe pur“, sagte er.

Der Schabbat tritt ein. Ohne weite Reisen über die großen Ozeane zu machen, ganz einfach bei uns zu Hause, nutzen wir diesen Tag nicht nur, um Zeit mit der Familie zu verbringen, sondern auch, um Wertschätzung für G”ttes Schöpfung zu empfinden und ein tieferes Bewusstsein zu erreichen. 25 Stunden lang nehmen wir den wahren Schöpfer wahr, die Tiefgründigkeit der Existenz. Wir konzentrieren uns auf unser Hauptziel und unseren Zweck im Universum.

Aber wie feiert man den Schabbat? Wie führe ich diese besondere Formel in mein modernes, stressiges Leben ein?

Unter jüdischen Menschen in deutschsprachigen Ländern gibt es ein wachsendes Interesse, unsere Traditionen besser kennenzulernen. Auf den folgenden Seiten erhalten Sie einen wunderbaren Einblick in den Schabbat, von den Grundideen und Quellen bis hin zur Vorbereitung und praktischen Durchführung. Dieses Buch ist einzigartig. Es unterstützt alle, die sich bemühen wollen, den Schabbat richtig zu halten, indem sie lernen, wie er seit Tausenden von Jahren praktiziert wird. Der Autor, Rabbiner Shmuel Bistritzky, hat die wichtigsten Punkte auf hervorragende Weise zusammengefasst.

Der Schabbat ist in der Tat der Partner des jüdischen Volkes. Der große Philosoph Moses Maimonides, auch als RaMBaM bekannt, hat das folgendermaßen zusammengefasst: „Der Schabbat ist das ewige Zeichen zwischen G"tt und dem Volk Israel … Derjenige, der den Schabbat richtig beachtet, ihn in Ehren hält und sich an ihm erfreut, so gut er oder sie kann, wird in dieser Welt belohnt, zusätzlich zu der Belohnung, die für ihn in der kommenden Welt reserviert ist."

Lesen Sie, leben Sie, und erfreuen Sie sich an diesem Buch, und der Schabbat wird für Sie zu einem unvergesslichen, bedeutenden und spirituellen Erlebnis, auf das Sie sich die ganze Woche über freuen werden!

Rabbiner Yehuda Teichtal

Rabbiner der Jüdischen Gemeinde zu Berlin
und Vorsitzender des Jüdischen Bildungszentrums
Chabad Lubawitsch Berlin

Vorbemerkung zur deutschen Ausgabe

Dieses Buch stellt eine Praxis dar, die heute bei Lubawitscher Chassidim (Chabad) verbreitet ist. Bei vielen Einzelheiten kann es vorkommen, dass in der örtlichen Gemeinde oder in anderen jüdischen Familien etwas anderes üblich ist oder dass andere Bücher andere Regeln und Empfehlungen geben. Wenn Sie zum Beispiel zu einer Schabbat-Mahlzeit eingeladen sind und sehen, dass der Hausherr beim Kiddusch einige Dinge nicht so macht wie hier beschrieben, muss das nicht falsch sein. Natürlich kommt es auch vor, dass das, was man bei anderen beobachten kann, nach keiner Meinung korrekt oder empfehlenswert ist. Fragen Sie also in Zweifelsfällen Ihren Rabbiner. Wir haben uns bemüht, Ausdrücke wie erlaubt / verboten oder man darf / man darf nicht / man muss dort zu verwenden, wo es diesbezüglich einen breiten Konsens gibt, während Formulierungen wie es ist üblich / man macht / man soll eher andeuten, dass es sich um einen Brauch handelt, neben dem auch andere verbreitet sind.

Die Gebetsordnung, die in diesem Buch zugrunde gelegt wird, ist der sogenannte Nussach ha-Ari, wie er z.B. in dem jetzt auch mit deutscher Übersetzung bei uns erhältlichen Chabad-Gebetbuch Tehillat ha-Schem zu finden ist. Der bei anderen chassidischen Gruppen und in Israel verbreitete Nussach Sefard ist sehr ähnlich, während man im Nussach Aschkenas manche der hier erwähnten Texte nicht oder an anderer Stelle sagt. Der Nussach ha-Ari eignet sich besonders für Einsteiger ins Judentum. Der kabbalistische

Meister Jitzchak Luria (ha-Ari oder Arisal genannt) lehrte nämlich, dass die Gebete nur dann aufsteigen, wenn man die eigene Gebetsordnung (Nussach) benutzt. Ursprünglich gab es zwölf solcher Ordnungen, die als „Tore“ (zum Himmel) dienen. Wenn man nicht weiss, welchen Nussach man beten soll, gibt es ein dreizehntes Tor, durch das jedes Gebet eines Juden aufsteigen kann – der Nussach ha-Ari.

Die vorliegende Übersetzung beruht auf der, die Miriam Magall, Berlin, dankenswerterweise für uns angefertigt hat. Wir haben sie unter Vergleichung mit dem hebräischen Original und der englischen Übersetzung inhaltlich, sprachlich und formal umfassend überarbeitet. In einigen Fällen haben wir den ursprünglich an Leser in Israel gerichteten Text an die Verhältnisse im deutschsprachigen Raum angepasst oder – zum Teil nach dem Vorbild der englischen Fassung – sonstige kleine Veränderungen vorgenommen.

Hebräische Wörter geben wir in einer vereinfachten Umschrift wieder, die von der modernen israelischen Aussprache ausgeht und sich an deutschen Lesegewohnheiten orientiert. Der Apostroph ' zeigt an, dass Laute getrennt zu sprechen sind, und der Akzent ′ markiert die Wortbetonung, wenn sie nicht auf der letzten Silbe liegt. Bindestriche dienen lediglich zur Abtrennung grammatischer Elemente wie *ha-* ‘der/die/das’, *be-* ‘in’, *we-* ‘und’ usw. Zitate aus dem Gebet führen wir auch in hebräischer Schrift an; die Übersetzung ist in der Regel aus der deutschen Ausgabe von Tehillat ha-Schem übernommen, um es zu erleichtern, diese Stellen im Gebetbuch zu finden. Der vierbuchstabige G”ttesname, den wir nicht aussprechen, wird in den hebräischen Zitaten mit "ה‘" abgekürzt und in der Umschrift durch HASCHEM wiedergegeben, so wie wir ihn außerhalb des Gebets lesen. (Im Gebet sagen wir A-do-naj; als Übersetzung dient der Ewige.) In G”ttesnamen wie Elokim (אֱלֹקִים), Elokéjnu (אֱלֹקֵינוּ) usw. ist das im Gebet zu lesende h (ה) durch k (ק) ersetzt; in Kel ersetzt das k (ק) das in der Umschrift nicht wiedergegebene א. Somit enthält das Buch keine G”ttesnamen, die nicht ausgelöscht werden dürfen.

Team Books&Bagels

Nachtrag

Kurz nachdem wir mit Frau Magall, die Übersetzerin dieses Buches, ein neues Buchprojekt vereinbart hatten, erreichte uns die traurige Nachricht, dass sie am 17. August 2017 gestorben ist. Miriam Magall a”H hat massgeblich dazu beigetragen, jüdische Literatur im deutschen Sprachraum zugänglich zu machen. Sie übersetzte unter anderem Wie Juden leben: Glaube – Alltag – Feste von Rabbiner Meir Lau, Das Heer des Rebben von Sue Fishkoff, im Verlag Books&Bagels erschienen, das 2010 als eines der „schönsten Schweizer Bücher“ ausgezeichnet wurde, sowie den 2017 erschienenen Siddur Tehillat Haschem. Miriam Magall schrieb auch selbst und veröffentlichte mehrere Bücher. Die kürzlich von ihr fertiggestellte Übersetzung des Buches Simcha – ein chassidischer Zugang zur Freude wird in nächster Zukunft veröffentlicht. Miriam Magall wird uns fehlen.

Der Schabbat

Hintergrund

„So waren vollendet die Himmel und die Erde und ihr ganzes Heer“ (*Bereschit* 2:1). Mit diesen historischen Worten beendet die Tora die wunderbare Geschichte von der Erschaffung der Welt. Vor fast sechstausend Jahren erschuf G”tt Himmel und Erde, Meer und Land, die Pflanzenwelt mit all ihren Gattungen und Arten, Sonne, Mond und Sterne, die Tierwelt mit all ihren Geschöpfen – und natürlich die ersten Menschen, Adam und Chawa.

Unser ganzes überwältigendes Universum wurde in nur sechs Tagen erschaffen, wobei der Schöpfer etwas von Seiner ungeheuren Macht offenbarte und aus dem Nichts eine herrliche Schöpfung hervorbrachte: die Welt, in der wir heute leben.

Und das ist in aller Kürze die Schöpfungsgeschichte:

Am **ersten Tag** brachte G”tt erste Ordnung in den chaotischen Urzustand (*Tohu wa-Wohu*), der hier herrschte, und unterschied zwischen Licht und Finsternis. Die Welt war noch von Wasser bedeckt.

Am **zweiten Tag** erschuf G”tt das Firmament, das die oberen Wasser von den unteren Wassern trennte.

Am **dritten Tag** ließ G”tt die Wasser zurückgehen, sodass das trockene Land sichtbar wurde, und Er erschuf Kräuter und Bäume – alles, was sprießt.

Am **vierten Tag** erschuf G”tt Sonne, Mond und Sterne.

Am **fünften** Tag erschuf G"tt die Fische und die Vögel.

Am **sechsten Tag** erschuf G"tt die anderen Tiere und zum Schluss die „Krone der Schöpfung", den ersten Menschen.

Nachdem die Erschaffung der Welt am Ende des sechsten Tages vollendet war, ruhte der Schöpfer sozusagen einen ganzen Tag lang von seinem Werk der Schöpfung, segnete den siebten Tag und verlieh ihm eine besondere Heiligkeit.

G"tt bestimmte den **siebten Tag** der Woche zum Tag der Ruhe, der Heiligkeit und der Erhebung. Er ist ein Tag, an dem Seine geliebten Geschöpfe Ihn als ihren Schöpfer anerkennen können, an dem sie sich von ihren körperlich-materiellen Beschäftigungen befreien können, um wenigstens an einem Tag in der Woche ein reineres und geistigeres Leben zu führen.

Zur Erinnerung an die Schöpfung gebietet uns die Tora, den siebten Tag der Woche zu ehren und an ihm zu ruhen und kein „Werk" zu schaffen.

Was bedeutet „ruhen", und was bedeutet „Werk"?
Darauf werden wir in diesem Buch noch ausführlicher eingehen.

Die Bezeichnung *Schabbat*

Schabbat (Plural *Schabbatot*) ist die jüdische Bezeichnung für den siebten Tag der Woche. Mit der Ordnungszahl „der siebte" erwähnt ihn die Tora erstmals am Ende der Geschichte von der Erschaffung der Welt: „Und G"tt hatte am siebten Tag

Sein Werk vollendet, das er gemacht“ (*Bereschit* 2:2). Die Fortsetzung dieses Verses lautet: „und Er ruhte (*wa-jischbot*) am siebten Tag von Seinem ganzen Werk, das Er gemacht“. Das ist der erste Beleg in der Tora für das hebräische Verb *sch–w–t* (ת–ב–ש), zu dem das Substantiv *Schabbat* gehört und das die Unterbrechung eines Werks oder einer Arbeit bezeichnet.

Das Wesen des Schabbats

Seinem Wesen nach ist der Schabbat ein Tag der Ruhe. Er erinnert uns daran, dass der Schöpfer nach Seinem sechstägigen Werk der Erschaffung der Welt „ruhte“. Der Schabbat ist uns eine ständige Mahnung, den siebten Tag der Ruhe zu widmen, also unsere profanen Beschäftigungen und unsere alltägliche Routine zugunsten von Heiligkeit und geistiger Erhebung zu unterbrechen.

Das Gebot, den Schabbat einzuhalten, steht in den Zehn Worten („Zehn Geboten“), die dem Volk Israel nach dem Auszug aus Ägypten vom Schöpfer der Welt selbst am Berg Sinaj gegeben wurden: „Gedenke des Schabbat-Tages, ihn zu heiligen. Sechs Tage darfst [oder: sollst] du arbeiten und all deine Werke verrichten. Aber der siebte Tag ist ein Schabbat dem Ewigen, deinem G”tt; da sollst du keinerlei Werk verrichten, weder du noch dein Sohn oder deine Tochter …“ (*Schemot* 20:8-10).

Unmittelbar danach erklärt uns die Tora den Grund für den jüdischen Ruhetag: „Denn sechs Tage hat der Ewige den Himmel und die Erde gemacht, das Meer und alles, was in ihnen ist, aber am siebten Tag hat Er geruht; darum hat der Ewige den Schabbat-Tag gesegnet und ihn geheiligt“ (*Schemot* 20:11).

Durch den Schabbat werden wir uns der Tatsache bewusst, dass die Welt nicht uns gehört und dass wir mit ihr nicht einfach machen dürfen, was wir wollen, weil sie die heilige Schöpfung G”ttes ist.

Ein Ruhetag

Der Schabbat unterbricht unsere tägliche Routine, unsere Bemühungen um den Lebensunterhalt und unsere alltäglichen Aufgaben und versetzt uns an einen höheren, erhabeneren und geistigeren Ort.

Wer den Schabbat einhält, kennt das herrliche Gefühl, das in der Luft liegt, sobald der Freitag kommt. Im Laufe des Tages machen wir einen Wandel durch und schalten von der Welt des Täglichen und Alltäglichen zu einer ganz anderen Welt um: einer Welt der Ruhe, der Stille und der Heiligkeit. Das Geschäft wird geschlossen, die Arbeit wird früher beendet, Sorgen und Mühen werden beiseite geschoben – und alle Gedanken, wie wir noch etwas mehr verdienen oder wie wir unser Leben in materieller Hinsicht verbessern könnten.

Einmal in der Woche bleibt 25 Stunden lang die Außenwelt draußen. Das bedeutet: Das Geschäft ist geschlossen, das Auto steht in der Garage, Telefon, Radio und Computer bleiben ausgeschaltet, unsere „intelligenten“ Mobilgeräte „schlafen“ und mit ihnen die ganze virtuelle Welt, die uns sonst zu jeder Stunde des Tages fest im Griff hat.

Die Zwänge und Sorgen des Lebens verschwinden hinter einem Vorhang des vorübergehenden Vergessens. Wir stellen jede schöpferische Teilnahme an der physischen Welt ein und wenden unseren Blick nach innen – in die geistige Welt, in die Welt der Gefühle und Gedanken, in die Welt des Inneren und der Stille.

Wir haben mehr wertvolle Zeit für die Familie, für die Freunde (bei all den virtuellen Verbindungen bleibt heute ja kaum noch Zeit, sich von Angesicht zu Angesicht zu unterhalten) und vor allem für uns selbst, für unsere Seele.

Die zusätzliche Seele

Gemäß der Kabbala, der jüdischen Mystik, bekommen alle Juden zu Schabbat-Beginn eine besondere Heiligkeit und Spiritualität, die anders ist als die alltägliche. Diese mit dem Schabbat verbundene Heiligkeit wird als die „zusätzliche Seele" (*Neschama jetera*) bezeichnet, und sie ist es, die uns am Schabbat das besondere Gefühl von Heiligkeit und Erhebung vermittelt. Versucht man dagegen, zum Beispiel an einem Montag alle Arbeit ruhen zu lassen und sich so zu verhalten, als sei es Schabbat, wird sich dieses besondere Schabbat-Gefühl nicht einstellen.

Diese zusätzliche Seele ist bei uns den ganzen Schabbat über zu Gast, aber kaum ist der Schabbat zu Ende, verlässt sie uns. Das ist übrigens der Grund dafür, warum wir bei der Hawdala zu Schabbat-Ausgang (siehe Seite 76) einen Segensspruch (*Beracha*) über wohlriechende Gewürze sagen und an ihnen riechen, um unsere alltägliche Seele zu trösten, die ja nun allein zurückgeblieben ist.

Gedenke und hüte!

In den beiden Versionen der Zehn Worte („Zehn Gebote“) stehen bezüglich des Schabbats zwei verschiedene Ausdrücke: „**gedenke** (*sachor*) des Schabbat-Tages, ihn zu heiligen!“ (*Schemot* 20:8) und „**hüte** (*schamor*) den Schabbat-Tag, ihn zu heiligen!“ (*Dewarim* 5:12). Wir haben also zwei verschiedene Pflichten (*Mitzwot*): „gedenke“ und „hüte“. Der Unterschied ist ganz einfach:

Aus dem Gebot, des Schabbats zu gedenken, lernen wir, dass wir etwas Positives tun sollen, um diesen besonderen Tag hervorzuheben. Dazu gehören die Schabbat-Lichter, der Kiddusch, die festlichen Mahlzeiten und die besonderen Schabbat-Gebete.

Die Pflicht, den Schabbat zu hüten, umfasst dagegen das, was uns am Schabbat verboten ist. Indem wir unsere Tätigkeiten am Schabbat einschränken, schützen wir ihn davor, durch alltägliche, irdische Aktivitäten entweiht zu werden. Wir unterbrechen unsere Arbeit, unsere Geschäfte und Einkäufe, ja wir reden nicht einmal über den Alltag.

Diese beiden Pflichten ergänzen einander. Wenn wir an den Schabbat denken, erinnert uns das daran, dass wir ihn hüten sollen; und indem wir den Schabbat (durch den Verzicht auf verbotene Tätigkeiten) hüten, gedenken wir auch seiner. Ist der Schabbat fest in unserem Bewusstsein verankert, so fällt es auch leichter, ihn zu hüten.

Allgemeines Verhalten am Schabbat

Unsere Weisen haben eine Reihe von Verhaltensregeln festgelegt, die uns helfen sollen, die Heiligkeit des Schabbats auch dann zu empfinden, wenn wir nicht beten oder in der Synagoge sind. Diese Regeln versetzen uns automatisch in eine besondere Schabbat-Atmosphäre, die sich wesentlich von einem gewöhnlichen Werktag unterscheidet.

Gehen: Am Schabbat sollen wir nicht so gehen wie im Alltag, also keine besonders großen Schritte machen, nicht rennen und nicht einmal schnell gehen.

Arbeit: Am Schabbat müssen wir alles unterlassen, was mit Arbeit, Studium und anderen alltäglichen Dingen zu tun hat, selbst wenn es nicht unter die ausdrücklich verbotene Werktätigkeit (siehe Seite 12) fällt.

Sprechen: Am Schabbat sollen wir nicht im gleichen Stil sprechen wie im Alltag. Wir sollten nicht nur unnützes Geschwätz vermeiden, sondern auch alltägliche Themen wie Geschäftliches, Politik, Sport, Wirtschaft und dergleichen.

Der Schabbat: Vergangenheit, Gegenwart und Zukunft

In der jüdischen Geschichte ist es immer wieder vorgekommen, dass die Feinde des jüdischen Volkes gerade in Bezug auf die Einhaltung des Schabbats mit heftiger Ablehnung und Hass reagierten. Sie verstanden gut, dass er viel mehr als nur irgendein Ruhetag ist. Sie erkannten ganz richtig, dass die Einhaltung des Schabbats der ewige Beweis für die Anwesenheit G"ttes in Seiner Schöpfung ist. Da hält ein ganzes Volk mit aller Macht an der Tradition seiner Vorväter fest, glaubt mit aller Kraft an den Schöpfer der Welt, verkündet öffentlich die Tatsache, dass unsere Welt von G"tt erschaffen wurde, und widmet diesem Schöpfer jede Woche einen ganzen Tag!

Obwohl die Einhaltung des Schabbats oft verboten wurde und Juden deswegen verfolgt oder gar ermordet wurden, kämpften unsere Vorfahren dafür, Schabbat halten zu können, und waren sogar bereit, dafür ihr Leben zu geben. Sie wussten sehr wohl, dass der Schabbat für uns Juden der wichtigste Anker ist, an dem wir uns festhalten können. Er ist die Lebensader, die uns am Leben erhält – und ohne ihn wären die übrigen Tage der Woche tot und trocken, und es würde ihnen die g"ttliche Gegenwart fehlen.

Juden haben es nie als ein besonderes Opfer betrachtet, am Schabbat ihre Geschäfte geschlossen zu halten, selbst in Zeiten, in denen die Einhaltung des Schabbats mit Schwierigkeiten verbunden war. Juden haben immer verstanden, dass die Entweihung des Schabbats kein kluger Schritt wäre – nicht nur, weil das Geld, das sie an diesem Tag verdienen würden, keinen wahren Wert hätte, sondern auch, weil sie damit verhindern würden, dass G"ttes Segen auch die anderen Tage der kommenden Woche erfüllt.

Die Einhaltung des Schabbats gemäß der Halacha ist einer der wichtigsten Wege, unser Judentum greifbar zu machen und es an unsere Kinder und Enkel weiterzugeben. Versuchen Sie es einmal bei sich zu Hause!

Grundbegriffe

Wenn uns ein geliebter Mensch ein teures und besonderes Geschenk macht, hüten wir es gut, benutzen es behutsam und achten sehr darauf, dass es keinen Schaden nimmt oder gar zerbricht. Der Schabbat ist das schönste Geschenk, das wir von unserem Schöpfer erhalten haben, und es ist daher sehr wichtig zu wissen, wie wir es hüten und vor Entweihung schützen sollten.

Bevor wir damit beginnen, wie ein typischer Schabbat abläuft und was an diesem Tag erlaubt und was verboten ist, betrachten wir zunächst kurz einige Begriffe, die mit den Schabbat-Gesetzen zusammenhängen, damit wir sie nicht jedesmal erklären müssen, wenn sie vorkommen. Die Vorschriften für den Schabbat sind umfassend und ziemlich kompliziert. Daher können wir in diesem Buch lediglich versuchen, Ihnen ein Grundwissen über die Bereiche zu vermitteln, die zur Einhaltung des Schabbats gehören.

Nachdem wir etwas über die allgemeinen Begriffe gelernt haben, die den Schabbat betreffen, werden wir im Rahmen des Tagesablaufs die wichtigsten Verbote kennenlernen, denen wir jeden Schabbat begegnen. Sie sollten aber daran denken, dass es außerdem noch viele weitere Dinge gibt, die am Schabbat verboten (oder auch erlaubt) sind, und dass dieses Buch nur eine unvollständige Aufzählung bietet. Wenn Sie eine Frage oder einen Zweifel haben, sollten Sie sich immer an Ihren Rabbiner wenden.

Einige Hinweise zu weiterführender Literatur finden Sie am Ende des Buches.

Melacha

Das, was uns die Tora am Schabbat untersagt, wird auf Hebräisch *Melacha* genannt: „Doch der siebte Tag ist ein Schabbat dem Ewigen, deinem G"tt; da darfst du keinerlei *Melacha* verrichten" (*Schemot* 20:10). Das Wort *Melacha* wird oft mit *Arbeit* übersetzt, aber es bedeutet nicht unbedingt körperliche Anstrengung. Die Halacha, das jüdische Recht, besagt vielmehr, dass im Zusammenhang mit dem heiligen Schabbat damit eine schöpferische Tätigkeit oder eine Handlung, in die Gedanken einfließen, gemeint ist. Das soll die hier gewählte Übersetzung *Werk* zum Ausdruck bringen. Beispielsweise sind Schreiben oder Kochen Melacha, wogegen es trotz der damit verbundenen Mühe nicht als Melacha gilt, ein schweres Möbelstück über einen harten Fußboden an eine andere Stelle zu ziehen.

Unsere Weisen haben alle am Schabbat verbotenen Tätigkeiten 39 verschiedenen Kategorien zugeordnet. Das Kriterium für die Einstufung einer Tätigkeit als Melacha ist, ob sie im Mischkan verrichtet wurde. (Das Mischkan, das sogenannte „Stiftszelt", war ein prächtiger Bau mit Holzplanken als Wänden und Teppichen als Dach, der G"tt sozusagen als Wohnstätte diente. Von der Wüstenwanderung nach dem Auszug aus Ägypten bis zum Bau des ersten Tempels durch König Schelomo diente es dem jüdischen Volk als tragbares Heiligtum.)

Die 39 Tätigkeiten im Mischkan, die am Schabbat nicht erlaubt sind, umfassen unter anderem landwirtschaftliche Arbeiten (vom Pflügen und Säen bis zum Ernten und Dreschen), Kochen, Backen, Nähen, Weben, Schreiben, Bauen, Feuer machen und noch vieles mehr.

Aw und *Tolada*

Die 39 verbotenen Arten von Tätigkeiten bezeichnet man als *Awot Melacha* (wörtlich 'Väter' oder 'Eltern' der Melacha), im Singular *Aw*. Zu jedem Aw gibt es viele davon abgeleitete Tätigkeiten, die dem Aw ähneln – sei es in der Art der Ausführung, im Zweck oder in anderer Weise. Sie heißen *Toladot* (wörtlich 'Nachfahren'), im Singular *Tolada*. Eine Tätigkeit, die als Tolada klassifiziert wird, ist am Schabbat genauso streng verboten wie eine, die als Aw eingestuft wird.

Ein Beispiel soll diese Unterscheidung illustrieren. Eine der 39 verbotenen Tätigkeiten ist Boneh, Bauen. Die primäre Melacha, der Aw, ist als das Errichten eines Gebäudes definiert. Darüber hinaus gibt es eine Reihe von ebenfalls verbotenen Toladot, die direkt oder indirekt mit dem Bauen zu tun haben. So sind am Schabbat auch verschiedene Arten, einen Gegenstand zusammenzufügen oder zu montieren, verboten, wie etwa das Errichten einer dauerhaften Überdachung, das Flechten eines Haarzopfes und sogar die Zubereitung von Käse, weil dabei auch kleinere Bestandteile zu einem Ganzen vereint werden.

In diesem Buch können wir nicht auf die zahlreichen Details aller Awot und Toladot eingehen, sondern nur kleine Kostproben von den 39 Melachot geben. Genauere und ausführlichere Darstellungen findet man in den vielen halachischen Werken, die es zu den Schabbat-Vorschriften insgesamt wie auch zu einzelnen Teilthemen gibt.

Die 39 Awot Melacha

In der folgenden Liste der 39 am Schabbat verbotenen Arten von Tätigkeiten finden Sie jeweils eine grundsätzliche Definition sowie praxisrelevante Beispiele für die Melacha, einschließlich ihrer Toladot und der mit ihr verbundenen rabbinischen Verbote.

1. *Soréa* (**זוֹרֵעַ**) – **Säen**: Samen säen, Bäume pflanzen und jede andere Tätigkeit, die das Wachstum von Pflanzen fördert

☞ Äste beschneiden; Unkraut jäten; Pflanzen bewässern

2. *Choresch* (**חוֹרֵשׁ**) – **Pflügen**: den Boden für das Säen oder Pflanzen vorbereiten oder verbessern

☞ Gegenstände entfernen, die das Wachstum von Pflanzen beeinträchtigen; eine Grube graben; Steine vom Feld wegräumen

3. *Kotzer* (**קוֹצֵר**) – **Ernten**: eine Pflanze von der Stelle, an der sie wächst, abreißen

☞ Getreide ernten; Früchte vom Baum pflücken; Spinnweben von der Zimmerdecke entfernen

4. *Me'ammer* (**מְעַמֵּר**) – **Garben binden**: Naturprodukte zusammentragen

☞ verstreute Getreidehalme zu einem Haufen zusammentragen; Zweige für ein Feuer aufhäufen

5. *Dasch* (**דָּשׁ**) – **Dreschen**: ein Naturprodukt von dem zugehörigen natürlichen Abfall trennen

☞ die äußere Schale von Hülsenfrüchten entfernen; Öl oder Saft aus Oliven bzw. Trauben auspressen; melken

6. *Soreh* (**זוֹרֶה**) – **Windschaufeln**: Unerwünschtes von Erwünschtem durch Wind trennen

☞ Getreide in die Luft werfen, damit der Wind die Spreu vom Korn wegbläst; Abfall im Essen wegblasen

7. *Borer* (**בּוֹרֵר**) – **Auslesen**: Unerwünschtes von Erwünschtem von Hand trennen

☞ zwei vermischte Arten von Speisen trennen; Staub oder Sand von Obst abwaschen; Besteck oder andere Gegenstände sortieren

8. *Tochen* (**טוֹחֵן**) – **Mahlen**: Naturprodukte zu kleinen Teilchen zermahlen oder zerbröckeln

☞ Mehl mahlen; Gemüse für einen Salat in ganz kleine Stücke schneiden

9. *Merakked* (**מְרַקֵּד**) – **Sieben**: Erwünschtes von Unerwünschtem mit einem Sieb trennen

☞ Mehl sieben; Wein durchseihen, um den Satz zurückzuhalten

10. *Lasch* (**לָשׁ**) – **Kneten**: Partikel mit einer Flüssigkeit zu einer einheitlichen Masse verbinden

☞ Wasser und Mehl zu einem Teig vermischen; Tinte zubereiten; Babybrei anrühren

11. *Ofeh* (אוֹפֶה)/*Mewaschel* (מְבַשֵׁל) – **Backen/Kochen**: eine Substanz durch die Einwirkung von Hitze verändern

☞ Speisen kochen, backen, braten oder grillen; Wachs schmelzen; kaltes Wasser in heißes gießen

12. *Goses* (גוֹזֵז) – **Wolle scheren**: einen Teil der Körperbedeckung von seinem Ursprungsort an einem lebendigen oder toten Körper eines Menschen oder eines Tieres entfernen

☞ Wolle scheren; Fingernägel schneiden; Haare mit einem Kamm kämmen (weil dabei unweigerlich Haare ausgerissen werden)

13. *Melabben* (מְלַבֵּן) / *Mechabbess* (מְכַבֵּס) – **Bleichen/ Waschen**: ein für die Bekleidung bestimmtes Material säubern und aufhellen

☞ Kleidungsstücke durch Waschen oder Ausspülen reinigen; einen Fleck auf einem Kleidungsstück feucht abreiben; Wasser aus einem Kleidungsstück auswringen

14. *Menappetz* (מְנַפֵּץ) – **Hecheln**: Rohmaterial für die Herstellung von Garn auftrennen und vorbereiten

☞ Fasern trennen; mit Stöcken auf rohe Wolle schlagen, bis sich die Fäden voneinander lösen

15. *Zowéa* (צוֹבֵעַ) – **Färben**: die Farbe eines Gegenstands durch einen Farbstoff ändern oder verstärken

☞ Hauswände anstreichen; auf Papier oder Stoff zeichnen; Lippenstift oder Nagellack auftragen

16. *Toweh* (**טוֹוֶה**) – **Spinnen**: durch Ziehen, Drehen oder dergleichen aus einem Rohstoff Garn herstellen

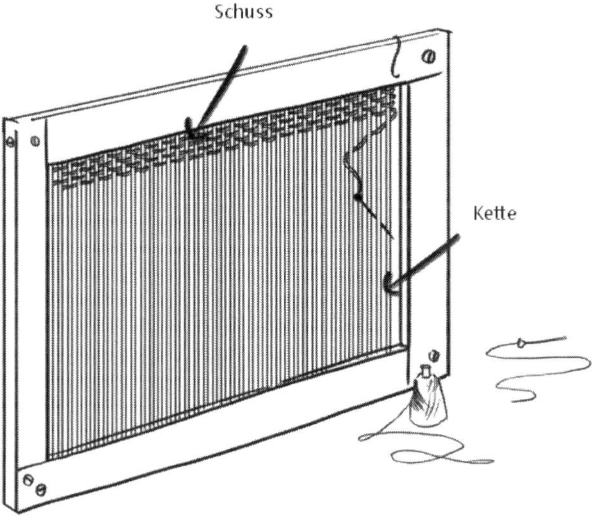

17. *Mejssech* (**מֵסֵךְ**) – **Kettfäden aufziehen**: die Kettfäden (im Bild vertikal) an einem Webstuhl anbringen, damit man die Schussfäden (im Bild horizontal) hindurchziehen kann

☞ Netze oder Matten aus Stroh anfertigen; Armbänder aus Fäden flechten

18. ***Osseh battej nirin*** (**עוֹשֶׂה בָּתֵּי נִירִין**) – **Weblitzen anbringen**: am Webstuhl einen Mechanismus anbringen, mit dem Kettfäden gehoben und gesenkt werden können

19. ***Oreg*** (**אוֹרֵג**) – **Weben**: Schussfäden durch Kettfäden ziehen

☞ ein Gewebe aus Kett- und Schussfäden herstellen; eine Kippa häkeln; sticken

20. *Potzéa* (**פּוֹצֵעַ**) – **Auftrennen**: Gegenteil von Weben, d.h. etwas Gewebtes oder Geflochtenes auftrennen

☞ Fäden aus einem Kleidungsstück herausziehen, um es auszubessern; dauerhaft geflochtene Zöpfe einer Perücke auflösen

21. *Koschér* (**קוֹשֵׁר**) – **Knoten knüpfen**: einen festen Knoten knüpfen, der unbeschränkt lange halten kann

☞ die Schleife von Schnürsenkeln mit einem Knoten sichern; die Knoten eines Fischernetzes knüpfen

22. *Mattir* (**מַתִּיר**) – **Knoten aufbinden**: Gegenteil von Knoten knüpfen, d.h. einen dauerhaften Knoten aufbinden

23. *Tofer* (**תּוֹפֵר**) – **Nähen**: zwei Stoffe oder andere Materialien mit Fäden, Klebstoff oder dergleichen miteinander verbinden

☞ ein Kleidungsstück nähen; Papiere zusammenkleben

24. *Koréa* (**קוֹרֵעַ**) – **Reißen**: Gegenteil von Nähen, d.h. miteinander verbundene Materialien durch Reißen trennen (ohne sie zu zerstören)

☞ zusammengeklebte Gegenstände voneinander trennen; Papier oder Stoff zerreißen; einen Briefumschlag öffnen

25. *Zad* (**צָד**) – **Tiere fangen**: Tiere, die man gewöhnlich fängt (ohne sie zu töten), einfangen, um sie zu verwenden

☞ ein Tier in seiner Bewegungsfreiheit so einschränken, dass ein Mensch es leicht zu fassen bekommt; ein Lebewesen schlagen und verletzen

26. ***Schochet*** **(שׁוֹחֵט) – Schlachten**: ein Tier töten, um es zu verwenden

☞ jede Handlung, die das Leben eines Lebewesens verkürzt, z.B. einen Fisch aus dem Wasser ziehen

27. ***Mafschit*** **(מַפְשִׁיט) – Fell abziehen**: einem toten Tier die Haut abziehen

28. ***Me'abbed*** **(מְעַבֵּד) – Gerben**: Häute oder andere Rohstoffe für den menschlichen Gebrauch haltbar machen

☞ Schuhe mit Schuhcreme einschmieren oder polieren; Gemüse in Salzlake einlegen

29. ***Memachek*** **(מְמַחֵק) – Schaben**: Häute oder andere Rohstoffe für den Gebrauch abschaben und glätten

☞ Holz schmirgeln; Creme auf der Haut verstreichen; die Hände mit fester Seife waschen

30. ***Messartet*** **(מְשַׂרְטֵט) – Liniieren**: Linien auf Pergament oder Papier ziehen, um dort zu schreiben oder zu schneiden

31. ***Mechattech*** **(מְחַתֵּךְ) – Zuschneiden**: ein Material auf die benötigte Größe und Form zuschneiden

☞ Stoff zuschneiden; einen Faden auf die gewünschte Länge schneiden

32. ***Kotew*** **(כּוֹתֵב) – Schreiben**: Buchstaben schreiben oder Bilder zeichnen, die Menschen als verständliche Zeichen erkennen

☞ ein Bild malen; mit dem Finger auf ein beschlagenes Fenster oder in den Sand schreiben; etwas in den Computer eingeben

33. ***Mochek*** **(מוֹחֵק)** – **Radieren**: Gegenteil von Schreiben, d.h. Schrift oder Bilder ausradieren, um dort etwas Neues zu schreiben oder zeichnen

☞ eine Packung mit Chips o.ä. an einer Stelle aufreißen, wo sie beschriftet ist

34. ***Boneh*** **(בּוֹנֶה)** – **Bauen**: ein Gebäude oder einen Teil davon aufbauen

☞ Steine aufeinander legen; den Boden ebnen oder eine Grube ausheben; ein dauerhaftes Zelt errichten; Käse machen

35. ***Soter*** **(סוֹתֵר)** – **Einreißen**: Gegenteil von Bauen, d.h. eine Konstruktion zerlegen oder abreißen

36. ***Maw'ir*** **(מַבְעִיר)** – **Anzünden**: Feuer anzünden, es verstärken oder seine Dauer verlängern

☞ Öl in eine brennende Öllampe gießen; elektrisches Licht einschalten; ein Auto anlassen

37. ***Mechabbeh*** **(מְכַבֶּה)** – **Auslöschen**: Gegenteil von Anzünden, d.h. ein Feuer löschen, verringern oder seine Dauer verkürzen

☞ die Flamme auf dem Gasherd verkleinern; eine brennende Kerze bewegen

38. ***Makkeh be-fattisch*** **(מַכֶּה בְּפַטִּישׁ)** – **Letzter Hammerschlag**: eine Handlung ausführen, mit der die Fertigstellung eines Gegenstands angezeigt wird

☞ eine Konservendose auf übliche Weise öffnen; ein Messer schärfen; Kleidungsstücke in der für sie typischen Art zusammenfalten

39. ***Motzi me-r'schut li-r'schut*** **(מוֹצִיא מֵרְשׁוּת לִרְשׁוּת)** – **Tragen von einem Bereich in den anderen**, auch als *Tiltul* (טִלְטוּל 'bewegen') bezeichnet: etwas vom privaten Bereich in den öffentlichen Bereich tragen oder umgekehrt (diese Begriffe werden im nächsten Abschnitt erklärt)

☞ etwas innerhalb eines öffentlichen Bereichs vier Ellen weit oder mehr tragen

Tragen

Um die Definition dieser Melacha besser zu verstehen, müssen wir zunächst erklären, was mit den verschiedenen Bereichen gemeint ist.

Als **privaten Bereich (*Reschut ha-jachid*)** bezeichnet man eine Fläche von mindestens vier mal vier Handbreiten (*Tefachim*, ca. 32×32 cm), die auf allen Seiten von Wänden oder anderen Trennungen umgeben ist. Diese Trennungen müssen mindestens zehn Handbreiten (ca. 80 cm) hoch sein.

☞ Beispiele sind ein Wohnhaus, ein Hof, ein Auto und dergleichen. Sogar ein großes Stadion kann ein privater Bereich sein, wenn es ringsum von Wänden umgeben ist.

Ein privater Bereich muss nicht im Privatbesitz eines Einzelnen sein. Selbst ein großes Gebiet, das vielen Menschen gemeinsam gehört, kann zu einem einzigen privaten Bereich gemacht werden (siehe dazu den Abschnitt *Eruw)*.

Ein **öffentlicher Bereich (*Reschut ha-rabbim*)** ist ein nicht überdachtes Gebiet, das mindestens sechzehn Ellen (*Amot*, ca. 8 m) breit und an zwei gegenüberliegenden Seiten offen ist und von vielen Menschen passiert wird.

Es gibt eine halachische Meinung, wonach ein Gebiet nur dann als öffentlicher Bereich gilt, wenn es täglich von mindestens 600 000 Menschen benutzt wird.

☞ Typische Beispiele sind eine große Hauptstraße in der Stadt sowie Straßen zwischen Städten.

Karmelit nennt man einen „neutralen“ Bereich, der weder der Definition eines privaten Bereichs noch der eines öffentlichen Bereichs genügt. Einerseits ist er nicht ringsum von Trennwänden umgegeben und ähnelt darin dem öffentlichen Bereich; andererseits ist er nicht dafür bestimmt, von vielen Menschen benutzt zu werden, und ähnelt darin dem privaten Bereich.

☞ Beispiele sind Felder, Seen, Flüsse, Wüsten und dergleichen.

Die am Schabbat verbotene Melacha des Tragens besteht darin, irgendeinen Gegenstand von einem privaten Bereich in einen öffentlichen Bereich oder umgekehrt zu tragen (sei es in der Hand, sei es in den Taschen der Kleidung usw.). Unter diese Melacha fällt auch, einen Gegenstand innerhalb eines öffentlichen Bereichs über eine Entfernung von mehr als vier Ellen (*Amot*, ca. 1,80 Meter) zu tragen. Unsere Weisen haben das Verbot ausgedehnt und erlauben weder, von einem privaten oder öffentlichen Bereich in eine Karmelit oder umgekehrt zu tragen, noch vier Ellen innerhalb einer Karmelit. Kleider, die man auf eine normale Weise angezogen hat, und üblicher Schmuck gelten nicht als separate Gegenstände, die man nicht transportieren darf, sondern als Teil der Person.

Die Schabbat-Grenze

Ein weiteres Verbot unserer Weisen besagt, dass man am Schabbat nicht mehr als 2000 Ellen (*Amot*, ca. einen Kilometer) aus dem Ort hinausgehen darf, an dem man sich aufhält. Das gilt auch dann, wenn man nichts bei sich trägt. Diese Schabbat-Grenze um den Ort herum nennt man *Techum*. Ein Beispiel, bei dem diese Grenze relevant ist, ist das einer Frau, die nach der Geburt eines Kindes den Schabbat in einem Krankenhaus außerhalb der Stadt verbringen muss und deren Mann sie besuchen möchte.

Wenn man schon weiß, dass man am Schabbat eine längere Strecke gehen muss, kann man vorher durch einen sogenannten Eruw Techumin ('Vermischung der Schabbat-Grenzen') seinen Aufenthaltsort halachisch so verlegen, dass man in eine Richtung bis zu ca. zwei Kilometer außerhalb der Stadt gehen kann. Die Vorschriften für den Techum und den Eruw Techumin sind besonders kompliziert; deshalb sollte man sich Bedarf von einem Rabbiner beraten lassen, der sich damit gut auskennt.

Eruw

Es gibt ein besonderes Verfahren, das es ermöglicht, das Problem des Tragens im öffentlichen Bereich oder von einem Bereich in den anderen zu lösen: Man kann, wie schon erwähnt, eine große Fläche, die von vielen Menschen in Anspruch genommen wird, in einen privaten Bereich umwandeln. Dazu muss ringsherum eine Trennung angebracht werden, die man etwas ungenau *Eruw* nennt.

Der Eruw besteht in den meisten Fällen aus Pfosten, die rund um die Stadt oder das Stadtviertel aufgestellt werden und über deren obere Enden ein Draht gespannt wird. Diese Pfosten umschließen das gewünschte Gebiet und machen aus ihm halachisch einen einzigen privaten Bereich.

Der Eruw ist höchst nützlich, denn er erlaubt es uns, auch am Schabbat auf gewohnte Weise ein Gebetbuch (*Siddur*) zu tragen, einen Kinderwagen zu schieben und dergleichen.

Eruw Chatzerot

Damit man in einem auf die beschriebene Weise abgegrenzten Gebiet tragen darf, braucht man einen Eruw Chatzerot ('Vermischung der Höfe'), und daher ist es üblich geworden, die Abgrenzung selbst *Eruw* zu nennen. Ein Eruw Chatzerot besteht aus einer Portion Esswaren, die allen Menschen, die innerhalb des Eruws wohnen, gehört und damit eine symbolische Gemeinschaft zwischen allen Häusern in diesem Gebiet herstellt. Typischerweise deponiert der örtliche Rabbiner als Eruw Chatzerot ein Paket Matzot (die sich wegen ihrer langen Haltbarkeit für diesen

Zweck besonders eignen) an einem bestimmten Platz in der Synagoge.

In Israel gibt es eine besondere Abteilung beim Religionsministerium, die in Zusammenarbeit mit dem örtlichen Rabbinat und den Behörden für die Einrichtung und Unterhaltung des Eruws in verschiedenen Orten im Land sorgt. In Israel gibt es heute kaum einen Ort ohne einen koscheren Eruw, und so kommt das Problem des Tragens an Schabbat selten vor.
Außerhalb von Israel ist das Tragen am Schabbat dagegen häufig nicht erlaubt, und so muss man sich an jedem einzelnen Ort erkundigen, ob es dort einen koscheren Eruw gibt.

Mukzeh

Die 39 Arten von Melacha sind von der Tora her (*mi-de-orajta*) verboten. Durch unsere Weisen (*mi-de-rabbanan*) wurde eine weitere Einschränkung eingeführt, die den Unterschied zwischen Schabbat und Alltag hervorheben soll. Es handelt sich um das Verbot, Gegenstände zu bewegen, die mit alltäglichen Tätigkeiten während der Woche verbunden sind. Ein Grund dafür ist die Befürchtung, dass man dazu kommen könnte, mittels dieser Dinge den Schabbat zu entweihen.

Gegenstände, die am Schabbat nicht bewegt werden dürfen, werden als *mukzeh* bezeichnet. Dieses hebräische Wort bedeutet ‘abgetrennt, reserviert’; ein Gegenstand, der mukzeh ist, ist also für die Verwendung an Werktagen reserviert. Hinsichtlich dieses Verbots gibt es rund zehn verschiedene Kategorien von Gegenständen. Je nachdem, zu welcher Kategorie ein Gegenstand gehört, darf man ihn für bestimmte Zwecke oder gar nicht bewegen. Zu den wichtigsten und häufigsten gehören:

***Keli sche-melachto le-issur* (כְּלִי שֶׁמְּלַאכְתּוֹ לְאִסּוּר) – ein Gerät, das für eine verbotene Arbeit dient**: Zu dieser Kategorie gehören alle Geräte, die man normalerweise für eine Tätigkeit benutzt, die am Schabbat verboten ist, zum Beispiel Schreibwerkzeuge, Zündhölzer, Hämmer, Nägel und dergleichen. Sie sind mukzeh; man darf sie aber bewegen, um sie für etwas Erlaubtes zu benutzen oder weil man den Platz braucht, wo sie liegen.

***Keli sche-melachto le-héter* (כְּלִי שֶׁמְּלַאכְתּוֹ לְהֶתֵּר) – ein Gerät, das für eine erlaubte Arbeit dient**: Geräte, die normalerweise für eine am Schabbat erlaubte Tätigkeit verwendet werden, sind nicht mukzeh. Man darf sie jedoch nicht ohne jeden Grund bewegen. Das gilt zum Beispiel für eine Uhr. (Esswaren – und nach einer Meinung auch Geschirr und Besteck – darf man sogar ohne Grund bewegen.)

***Mukzeh mechamat chessron kiss* (מֻקְצֶה מֵחֲמַת חֶסְרוֹן כִּיס) – mukzeh wegen finanziellem Verlust**: Gemeint sind – typischerweise wertvolle – Gegenstände, bei denen man darauf achtet, sie nicht für einen anderen als den vorgesehenen Zweck zu benutzen. Beispiele sind unter anderem ein Computer, ein Fotoapparat, wichtige Dokumente sowie Waren in einem Lager, die man verkaufen will. Solche

Gegenstände dürfen an Schabbat überhaupt nicht bewegt werden.

Mukzeh mechamat gufo **(מֻקְצֶה מֵחֲמַת גופו)** – **mukzeh an sich**: In diese Kategorie fallen Gegenstände, die keine Geräte sind, also nicht einem bestimmten Zweck dienen, zum Beispiel Steine, Sand, Bananenschalen und Münzen. Ferner gehören in diese Gruppe rohe Esswaren, die nur gekocht gegessen werden können (wie Fleisch oder Fisch). Auch solche Gegenstände dürfen an Schabbat überhaupt nicht bewegt werden.

Bassiss le-dawar ha-assur **(בָּסִיס לְדָבָר הָאָסוּר)** – **Unterlage für etwas Verbotenes**: Ein Gegenstand, der eigentlich nicht mukzeh ist, wird mukzeh, wenn er als Unterlage für etwas dient, was mukzeh ist. Beispielsweise ist ein Tisch normalerweise nicht mukzeh. Er wird es aber, wenn darauf eine brennende Kerze steht, weil sie mukzeh ist.

Es gibt einige Bücher zum Thema *mukzeh*, und es empfiehlt sich, dort nachzuschlagen, um genauer zu erfahren, welche Gegenstände in welche Kategorie fallen und was man mit Gegenständen der verschiedenen Kategorien tun darf und was nicht.

Hachana (Vorbereitung für den folgenden Tag)

Unsere Weisen haben es ferner verboten, am Schabbat irgendwelche Vorbereitungen für den folgenden Tag (d.h. nach Schabbat-Ende) zu treffen, denn das wäre eine Geringschätzung des Schabbats. Beispielsweise darf man für eine Mahlzeit nach Schabbat-Ausgang nicht schon am

Schabbat die Wohnung putzen und den Tisch decken. Es ist jedoch erlaubt, zu Ehren des Schabbats selbst zu putzen und aufzuräumen.

Amira le-Nochri (Anweisungen an Nichtjuden)

Nichtjuden sind nicht verpflichtet, Schabbat zu halten. Ein Jude darf jedoch aufgrund einer weiteren Anordnung unserer Weisen einen Nichtjuden nicht bitten, für ihn am Schabbat irgendetwas zu tun, was er selbst nicht darf. Es ist nicht einmal erlaubt, den Nichtjuden **vor** Schabbat zu bitten, am Schabbat eine solche Tätigkeit auszuführen. Am Schabbat darf man einen Nichtjuden auch nicht indirekt zu einer Tätigkeit auffordern, die Juden verboten ist; die bloße Beschreibung einer Situation (zum Beispiel „es ist kalt hier") ist dagegen erlaubt.

Ein Jude darf allerdings keinen Nutzen von einer verbotenen Tätigkeit haben, die ein Nichtjude für ihn am Schabbat ausführt. Das gilt auch dann, wenn der Nichtjude etwas von sich aus für ihn tut, ohne dazu aufgefordert worden zu sein. Wenn zum Beispiel ein Nichtjude bemerkt, dass es in der Wohnung eines Juden dunkel ist, und für ihn das Licht einschaltet, darf der Jude von diesem Licht keinerlei Nutzen haben.

Tut jedoch ein Nichtjude aus eigenem Interesse etwas, was Juden am Schabbat verboten ist, dürfen auch sie davon Nutzen haben. Wenn beispielsweise ein Nichtjude in einem dunklen Raum das Licht einschaltet, um selbst ein Buch lesen zu können, dürfen auch Juden dieses Licht zum Lesen benutzen.

An manchen Orten gibt es einen Nichtjuden, den sogenannten *Schabbes-Goj*, der die Vorschriften gut kennt und Juden auf halachisch erlaubte Weise am Schabbat helfen kann. Wenn man am Schabbat die Dienste eines Nichtjuden in Anspruch nehmen muss, fragt man aber besser vorher den Rabbiner, wie man das genau tun sollte.

Die Vorbereitungen für den Schabbat

Im Folgenden gehen wir unter anderem näher darauf ein, wie wir uns auf den Schabbat einstellen sollten, was am Freitag vor Schabbat-Beginn zu tun ist, wie man die Wohnung für den Schabbat herrichtet, usw.

Kawod Schabbat und *Oneg Schabbat*

Der Prophet Jesaja sagt: „Und nennst den Schabbat eine Freude, den vom Ewigen geheiligten geehrt" (*Jeschajahu* 58:13). Wir müssen spüren, dass es uns eine Ehre und eine Freude ist, den Schabbat zu ehren und uns an ihm zu freuen.

Die Tätigkeiten, mit denen wir uns auf den Schabbat vorbereiten – die Wohnung putzen, Kleider waschen, uns baden, den Tisch decken usw. –, gehören zur „Schabbat-Ehre" (*Kawod Schabbat*), während die besonderen Speisen für den Schabbat, der Schlaf am Schabbat und Ähnliches in die Kategorie der „Schabbat-Freude" (*Oneg Schabbat*) fallen.

Alle helfen

Am Freitag beginnen wir damit, uns auf den Schabbat vorzubereiten. Da er ein geehrter Gast ist, bereiten wir ihm zu Ehren die Wohnung genau so vor, wie wenn wir hohen Besuch bekämen.

Es ist eine Mitzwa, sich an den Schabbat-Vorbereitungen zu beteiligen. Selbst wenn man viele Kinder oder Haushaltshilfen hat, sollte sich jedes Familienmitglied bemühen, selbst einen Teil – und sei es auch nur einen kleinen – der Vorbereitungen auf den heiligen Schabbat zu übernehmen.

Im Talmud wird von großen Gerechten erzählt, die sonst im Allgemeinen nichts mit materiellen Dingen zu tun hatten, sich aber am Freitag in Köche verwandelten und sich selbst mit der Zubereitung der Schabbat-Speisen beschäftigten: Sie schälten Gemüse, nahmen Geflügel aus, salzten Fische ein und dergleichen mehr – alles aus einem Gefühl der Liebe und Ehre gegenüber dem Schabbat.

Einkäufe für den Schabbat

Die Lebensmittel für den Schabbat kaufen wir am besten am Freitagvormittag ein, damit wir spüren, dass wir das zu Ehren des bevorstehenden Schabbats tun. Wenn wir Speisen servieren möchten, die eine längere Vorbereitung (Kochen usw.) brauchen, und deshalb dafür schon am Mittwoch oder Donnerstag einkaufen, ist es eine gute Idee, wenn wir zu uns selbst sagen, dass wir diese Einkäufe „zu Ehren des Schabbats" (*lichwod schabbat*) machen – und es schadet nichts, wenn auch andere das hören …

Die Einkaufsliste

Für den Schabbat-Tisch braucht man:

- mindestens vier Brote (**Challot**, siehe Seite 44) – je eine Challa für die drei Mahlzeiten und eine weitere, die man dazulegen kann (siehe Seite 97 zu Lechem Mischneh) – und
- drei Becher **Wein** für Kiddusch (am Abend und am Morgen, siehe Seite 89 bzw. 145) sowie für Hawdala (siehe Seite 171; insgesamt allermindestens ca. 260 ml).

Zu einer Schabbat-Mahlzeit gehören ferner (es sei denn, man hat daran keine Freude):

- **Fisch** (beliebiger Art),
- **Fleisch** (es darf auch Geflügel sein) sowie
- **Wein** zum Essen.

Es ist wünschenswert, am Schabbat viele Speisen zu servieren: diverse Salate, warme Beilagen, Desserts, Süßgetränke und so weiter. Dabei haben verschiedene Familien und Gruppen ihre unterschiedlichen Bräuche.

An Rosch Haschana wird von G"tt der genaue Betrag festgelegt, der uns für alle Ausgaben im kommenden Jahr zur Verfügung steht – für Essen, Kleidung, Ausbildung, Geschäftstätigkeit usw. Eines aber ist in dieser Rechnung nicht enthalten, nämlich das, was wir im Laufe des Jahres zu Ehren des Schabbats ausgeben.

Deshalb soll auch jemand, der gerade kein Geld zur Verfügung hat (aber weiß, dass er genug bekommen wird, um zurückzahlen zu können), sich Geld leihen oder sogar Gegenstände verpfänden, um davon die Schabbat-Mahlzeiten zu bezahlen. Dazu haben unsere Weisen bemerkt: „Der Ewige, gelobt sei Er, hat zum Volk Israel gesagt: Meine Kinder, borgt auf Meine Rechnung, … und Ich werde es erstatten" (*Bejtza* 15b).

Denken Sie also daran, dass Sie jeden Cent oder Rappen, den Sie für den Schabbat ausgeben, früher oder später zurückbekommen, manchmal sogar mit einem zusätzlichen Bonus. Ein Versuch lohnt sich auf jeden Fall …!

Besondere Speisen für den Schabbat

Einige Speisen, die Eingang in die jüdische Kultur gefunden haben, haben eine enge Beziehung zu den Schabbat-Vorschriften.

Gefilte Fish

Gefilte Fish (jiddisch 'gefüllter Fisch') nennt man Fischklöße (meist vom Karpfen), die mit Fischsud, Meerrettich, Möhren usw. serviert werden. Diese Speise ist vor allem unter aschkenasischen Juden weit verbreitet.

Der Brauch, Fisch in dieser Form zu essen, hängt unter anderem mit dem Verbot von *Borer* 'Auslesen' zusammen (siehe Seite 12), das es nicht gestattet, die Gräten aus dem Fisch herauszuziehen. Da man aber andererseits am Schabbat Fisch essen soll, hat man die originelle Lösung gefunden, den Fisch zu mahlen, sodass es kein Problem von Borer gibt.

Tscholent

Tscholent und das sephardische Gegenstück *Chamin* (von dem hebräischen Wort *cham* 'warm') sind Bezeichnungen für Eintöpfe, die viele Stunden bei niedriger Hitze köcheln und so einen besonderen Geschmack annehmen. Außer Fleisch gehören zu den typischen Zutaten Kartoffeln, Hülsenfrüchte und Getreide (z.B. Graupen); Juden in verschiedenen Gegenden haben jedoch unterschiedliche Rezepte.

Diese Gerichte sind dadurch entstanden, dass man am Schabbat einerseits etwas Warmes essen soll (das gehört zur „Schabbat-Freude"), aber andererseits kein Feuer anzünden und kochen darf. Den Tscholent kann man, wenn er schon genügend gekocht ist, am Freitag vor Schabbat-Beginn auf die „Schabbat-Platte“ stellen und ihn bis zur Mahlzeit am Schabbat-Mittag dort lassen.

Challot

Haben Sie sich schon einmal gefragt, warum das Brot für den Schabbat *Challa* (Plural *Challot*) heißt? Der Grund dafür ist, dass die Frauen zu Ehren des Schabbats meistens selbst Brot backen (während man es unter der Woche beim Bäcker kauft) und dabei die im nächsten Abschnitt erläuterte Mitzwa erfüllen, vom Teig Challa abzusondern. Indem wir das Brot für den Schabbat als *Challa* bezeichnen, erinnern wir an diese besondere Mitzwa.

Auch heute, in der „Instant“-Generation, die gewohnt ist, alles hier und jetzt zu bekommen, ist es möglich und erwünscht, Challot zu Hause zu backen. Das hat einige Vorteile: Erstens bietet sich die Mitzwa, Challa abzusondern, nicht jeden Tag. Zweitens erfüllen wir mit dem Backen auch die Mitzwa der Vorbereitung auf den Schabbat, und drittens schmeckt selbst gebackene Challa natürlich einfach viel besser!

Die Mitzwa, Challa abzusondern

Wenn wir mit mindestens 1,67 kg Mehl (der fünf Getreidesorten Weizen, Gerste, Dinkel, Hafer oder Roggen) etwas backen, müssen wir einen Teil davon absondern, der *Challa* genannt wird, und dazu eine Beracha sagen. (Ab 1,2 kg Mehl nimmt man Challa ohne Beracha.)

Als der Tempel in Jerusalem noch stand, nahm man einen Teil des Teigs und brachte ihn den Kohanim, damit sie etwas zu essen hatten, denn sie verrichteten den Dienst im Heiligtum und besaßen kein Land. Heute nimmt man ein Stück Teig (ungefähr 28 Gramm) und sagt den Segensspruch: „Gesegnet seist Du …, der uns durch Seine Gebote geheiligt und uns befohlen hat, Challa vom Teig abzusondern.“ Danach verbrennt man das Stück (oder legt es gut verpackt in den Abfall). Manche Frauen sagen nach dem Absondern der Challa noch ein besonderes Gebet.

Eine ausführliche Erläuterung dieser Mitzwa soll in dem Band *Judentum für Einsteiger – Das Leben der jüdischen Frau* erscheinen, weil sie typischerweise von Frauen erfüllt wird. Ein Rezept für Challa finden Sie auf unserer Webseite unter www.booksnbagels.com/challa.

Freitagnachmittag

Mahlzeiten

Zu Ehren des Schabbats haben unsere Weisen bestimmt, dass wir bei Schabbat-Beginn ein wenig hungrig sein sollten, damit wir die Schabbat-Mahlzeit mit Appetit essen. Deshalb sollten wir am Freitagnachmittag – nach Mitte des Tages (*Chatzot*) gemäß Ortszeit – keine Mahlzeit essen, die größer ist als sonst in der Woche üblich.

☞ Falls eine Mahlzeit anlässlich einer Mitzwa – z.B. Beschneidung (*Berit Mila*), Auslösung des Erstgeborenen

(*Pidjon ha-Ben*) usw. – am Freitag stattfinden muss, sollte sie auf jeden Fall vor Mitte des Tages beendet werden.

☞ Kleine Zwischenmahlzeiten ohne Brot sind den ganzen Tag über erlaubt.

Arbeit

Am Freitagnachmittag soll man keine Arbeit verrichten, die nicht direkt mit den Schabbat-Vorbereitungen zu tun hat, damit man den Kopf für das frei hat, was für Schabbat nötig ist. Zu den Tätigkeiten, die direkt mit Schabbat tun haben und auch am Freitagnachmittag erlaubt sind, gehören: Kleider flicken, bügeln, waschen, Schuhe putzen, Wohnung putzen und dergleichen.

Reisen

Möchten Sie den Schabbat bei Verwandten verbringen? Haben Sie die Absicht, am Freitag zu fahren? Dann müssen Sie sehr darauf achten, nicht zu spät aufzubrechen, auch wenn das Ziel in der Nähe liegt. Auf den Straßen kommt es ja immer wieder zu unerwarteten Staus, sodass es passieren kann, dass man irgendwo unterwegs festsitzt, wenn der Schabbat beginnt.

Körperpflege

- Es ist eine Mitzwa für alle, zu Ehren des Schabbats am Freitag den ganzen Körper mit warmem Wasser zu waschen.

☞ Viele Männer gehen am Freitag in die Mikweh, das jüdische Bad. Das Untertauchen dient zur rituellen

Reinigung und ist eine passende, ehrenvolle und heilige Vorbereitung auf den Schabbat. Es gibt fast in jedem Ort eine Mikweh, und es ist ratsam, sich im Voraus über die Öffnungszeiten zu informieren.

- Es ist auch eine Mitzwa, sich vor Schabbat die Haare und die Fingernägel zu schneiden – natürlich nur dann, wenn es nötig ist.

☞ Gemäß der Kabbala gibt es eine genaue Reihenfolge für das Schneiden der Fingernägel, ebenso wie für das Wie und das Wann. Weitere Einzelheiten findet man in dem geplanten Band *Judentum für Einsteiger – Der jüdische Alltag.*

Kleidung

Zu Ehren des Schabbats trägt man saubere, feine und festliche Kleider. Es ist üblich, besondere „schabbesdike" Kleider zu haben, die man normalerweise nicht während der Woche trägt.

- Ein Mann sollte auch einen besonderen Tallit für das Gebet am Schabbat besitzen.

Abschmecken der Gerichte

Es ist eine Mitzwa, am Freitag von den Schabbat-Gerichten zu kosten, um sicherzustellen, dass sie wohlschmeckend sind.

- Am Schabbat selbst ist es ein Problem, Gewürze hinzuzufügen, und schon aus diesem Grund ist es gut, die Gerichte vorher zu kosten und sicherzugehen, dass sie bereits jetzt gut gewürzt sind.

Die Schabbat-Uhr

Um den Schabbat nicht entweihen zu müssen (und auch um Strom zu sparen), können wir eine großartige Erfindung nutzen, die Schabbat-Uhr. Man kann sich eine solche Schaltuhr vom Elektriker in den Stromkreis für bestimmte Räume einbauen lassen, aber oft genügt schon eine in jedem Elektrogeschäft erhältliche Schaltuhr, die man in die Steckdose steckt. Wenn man vor Schabbat die Zeiten programmiert hat, zu denen der Strom ein- und ausgeschaltet werden soll, sorgt die Schaltuhr am Schabbat z.B. dafür, dass es in der Wohnung während der Mahlzeiten hell ist, aber in der Nacht dunkel.

- Vor Schabbat-Beginn sollte man überprüfen, dass die Lampen usw. an die Schaltuhr angeschlossen sind und dass die Schaltuhr auf „Automatik“ steht.
- Sicherheitshalber sollte man auch immer kontrollieren, ob die Schaltuhr die richtige Uhrzeit zeigt und ob die Zeiten für das Ein- und Ausschalten so eingestellt sind, wie man das für diesen Schabbat möchte. (Fehler entstehen leicht, wenn die Schaltuhr aus der Steckdose gezogen wurde, durch einen Stromausfall oder bei der Umschaltung zwischen Winter- und Sommerzeit.)

Die Schabbat-Platte

Um Speisen bis zur Mahlzeit am Tag warm zu halten, kann man ein „Blech“ benutzen, das die Herdplatten und die Schalter abdeckt, oder aber anstelle des Herds eine

„Schabbat-Platte“ verwenden, eine elektrische Wärmeplatte, die sich nicht regulieren lässt.

Alle Gerichte, die wir während des Schabbats warm halten möchten, sollten wir ungefähr eine halbe Stunde vor Schabbat-Beginn auf die Schabbat-Platte stellen; sie müssen schon genügend gekocht und noch heiß sein.

Baby im Haus?

Für Säuglinge und Kleinkinder sollte man schon im Voraus in ausreichender Menge

- Essen kochen,
- Äpfel usw. reiben,
- heißes Wasser in einem Schabbat-Kessel oder einer Thermosflasche bereitstellen,
- Wattebäuschchen zupfen,

weil das am Schabbat nicht erlaubt ist. Dazu kommen natürlich noch grundsätzliche Dinge wie Windeln, Lätzchen usw.

Vorbereitung der Wohnung

- Vor Schabbat-Beginn sollte die Wohnung geputzt und aufgeräumt werden.
- Alle Gegenstände, die am Schabbat mukzeh sind (siehe Seite 16), z.B. Mobiltelefon, Laptop, Handtasche und dergleichen, sollten weggelegt oder zugedeckt werden.
- Für die Toilette sollten abgerissene Stücke Toilettenpapier (oder Tissues) vorbereitet werden, ebenso einzelne

Papierhandtücher für die Küche. Wenn man Müllsäcke auf einer Rolle hat, sollte man einige abreißen und für den Gebrauch am Schabbat bereit legen.

- Die Beleuchtung in der Wohnung sollte rechtzeitig überprüft werden. In den Zimmern, in denen man am Schabbat kein Licht will (z.B. im Schlafzimmer), schaltet man es aus, in anderen (z.B. im Badezimmer) schaltet man es an oder stellt die Schabbat-Uhr ein (siehe oben).
- Auf den Esstisch legt man eine weiße Tischdecke und deckt ihn zu Ehren des Schabbats festlich. Wer gerne Servietten schön faltet, sollte das vor Schabbat-Beginn tun. Wenn man Papiertischdecken von der Rolle verwenden will, muss man sie für alle Mahlzeiten schon vor Schabbat zuschneiden.
- Beabsichtigt man, das Tablett mit den Schabbat-Lichtern wegzustellen, nachdem sie abgebrannt sind, muss man vor Schabbat-Beginn noch etwas darauf legen, damit das Tablett nicht durch die Kerzen mukzeh wird. Das kann beispielsweise ein Gebetbuch (*Siddur*) oder ein Psalmenbüchlein (*Tehillim*) sein, oder etwas, was für die Mahlzeit wichtig ist (z.B. ein Brötchen oder eine Flasche Wein).

Vorbereitung der Küche

- Alle Speisen für den gesamten Schabbat müssen im Voraus gekocht werden.
- Konservendosen und Getränkeflaschen, die für den

Schabbat benötigt werden, sollten vorher geöffnet werden.

- Alles heiße Wasser, das man am Schabbat braucht, muss man vorher aufkochen. Man kann es in einem Topf auf der Schabbat-Platte, in einer Thermosflasche oder in einem besonderen Warmwasserbehälter warm halten.
- Die Beleuchtung im Kühlschrank oder in der Kühltruhe wird ausgeschaltet, damit sie nicht angeht, wenn man die Tür öffnet. Falls der Kühlschrank einen Schabbat-Modus hat, bei dem sich das Öffnen der Tür nicht auf den Thermostat oder den Motor auswirken kann, muss man ihn rechtzeitig einschalten.

Letzte Kontrollen

- Vor Schabbat-Beginn sollte man aus den Taschen von Hemden, Hosen oder Jacken alle Dinge entfernen, die mukzeh sind.
- Ebenso sollte man dort, wo es keinen Eruw gibt, sicherstellen, dass sich in den Taschen **nichts** befindet, damit man nicht gegen das Verbot Tragens verstößt (siehe Seite 31).

Der Wochenabschnitt

Am Schabbat-Morgen wird in der Synagoge ein Abschnitt der Tora aus einer Torarolle vorgelesen (siehe Seite 130). Männer haben die besondere Mitzwa, diesen Wochenabschnitt (*Sidra* oder *Parascha*) mit dem Targum Onkelos (der Übersetzung der Tora ins Aramäische) zu lesen, zusätzlich zur Toralesung in der Synagoge. Man nennt diese Lesung *schenájim mikra we-echad targum* ‘zweimal die Bibel und einmal die Übersetzung’, denn man liest jeden Vers der Tora zweimal und danach einmal die aramäische Übersetzung.

Wer war Onkelos?

Unter den Menschen, die im Laufe der Geschichte jüdisch geworden sind, war Onkelos der berühmteste. Er war ein Neffe des römischen Kaisers Hadrian und lebte zur Zeit der Mischna-Lehrer (*Tanna'im*), vor ungefähr zweitausend Jahren.

Onkelos war ein gebildeter Mann, der sich in der römischen und griechischen Philosophie und Wissenschaft bestens auskannte. Er war nicht nur mit einem scharfen Verstand gesegnet, sondern auch mit einem feinen Charakter und einer erhabenen Seele. Nachdem er sich lange mit anderen beraten und für sich selbst geforscht sowie die jüdischen Schriften eingehend studiert hatte, erkannte Onkelos den Schöpfer der Welt an und begann, insgeheim zum G”tt Israels zu beten. Nach einigen Jahren wurde er offiziell ins Judentum aufgenommen und wurde ein Schüler von Rabbi Akiwa, dem größten Gelehrten jener Zeit. Sein Hauptwerk war die Übersetzung der Tora ins Aramäische, das damals die allgemeine Umgangssprache war. Diese Übersetzung, die das Lesen und Verstehen der Tora sehr erleichterte, wurde in der gesamten jüdischen Welt mit großem Wohlwollen aufgenommen und wird bis heute in klassischen Tora-Ausgaben neben dem hebräischen Originaltext abgedruckt.

Wir lesen vor Schabbat *schenájim mikra we-echad targum,* um uns auf die Toralesung vorzubereiten, die am nächsten Morgen in der Synagoge stattfindet. Außerdem erinnern wir uns damit daran, dass dem Volk Israel die Tora dreimal gegeben wurde: am Berg Sinaj und im Mischkan (auf Hebräisch) sowie in der Ebene von Moaw (auf Aramäisch).

Ein Beispiel

Nehmen wir als Beispiel den ersten Vers der Tora:

- Wir sagen den ganzen Vers einmal: *be-reschit bara Elokim et ha-schamájim we-et ha-áretz* ‘im Anfang schuf G”tt den Himmel und die Erde’ (*Bereschit* 1:1).
- Dann wiederholen wir den Vers: *be-reschit bara Elokim et ha-schamájim we-et ha-áretz.*
- Schließlich fügen wir die Übersetzung des Onkelos hinzu: *be-kadmin bera Elokim jat schemaja we-jat ar'a.*

Das wiederholen wir mit den übrigen Versen des Wochenabschnitts.

☞ Am besten liest man den ganzen Wochenabschnitt auf diese Weise am Freitag, dem Vortag von Schabbat. Wenn man jedoch merkt, dass die Zeit nicht für den ganzen Wochenabschnitt reicht, kann man die Lesung auch am Schabbat-Abend oder am Morgen fortsetzen, sollte aber möglichst vor dem Kiddusch am Tag fertig werden.

☞ Nach dem Wochenabschnitt sollte man auch die zugehörige Haftara (einen Abschnitt aus den Prophetenbüchern, siehe Seite 132) lesen, allerdings nur einmal. In gedruckten Tora-Ausgaben steht sie typischerweise unmittelbar nach dem Wochenabschnitt.

Den Wochenabschnitt *schenájim mikra we-echad targum* zu lesen, ist von besonderer Wichtigkeit. Unsere Weisen erklären, dass jemand, der es damit jede Woche genau nimmt, mit langem Leben belohnt wird.

Die Schabbat-Lichter

Endlich ist es soweit! Das fieberhafte Vorbereitungsrennen ist zu Ende. Alle Gerichte sind zubereitet, die Wohnung ist sauber und ordentlich. Auch alle Familienmitglieder sind sauber und tragen ihre Schabbat-Kleider. Jetzt ist es an der Zeit, unseren besonderen Gast zu begrüßen: die Schabbat-Königin. Wir zünden die Schabbat-Lichter, und das ist der Augenblick, in dem der heilige Schabbat beginnt.

Warum, wer, wie, wo, wann?

Warum zünden wir Lichter?

Es gibt mehrere Gründe für diesen Brauch:

- ***Kawod Schabbat*** (Schabbat-Ehre): Gemäß unserer Überlieferung bekommt jeder Jude am Schabbat eine zusätzliche Seele (siehe Seite 17); sie verleiht dem Menschen das besondere Gefühl der Ruhe und Heiligkeit, die am Schabbat herrschen. König Schelomo verglich in seiner Weisheit die Seele mit einem Licht („Ein Licht G"ttes ist die Seele des Menschen", *Mischlej* 20:27), und um das auszudrücken, ehren wir den Schabbat mit brennenden Lichtern. Sie beleuchten den Schabbat-Tisch, erhellen das Haus und zünden auch ein großes „Licht" in der Seele an.

- ***Oneg Schabbat*** (Schabbat-Freude): Dass in der Wohnung Kerzen oder Öllichter brennen, erzeugt allein schon ein angenehmes Gefühl. Außerdem ist die Schabbat-Mahlzeit eine wichtige und zentrale Mitzwa, und solches

Licht regt den Appetit an und steigert den Genuss am Essen. Daher bemühen wir uns, die Schabbat-Lichter auf oder neben dem Esstisch zu zünden, damit wir die Mahlzeit mit Freude genießen können. (Zu Schabbat-Ehre und Schabbat-Freude siehe Seite 40.)

- ***Schalom Bájit*** (Hausfrieden): Damit im Haus Frieden und Ruhe herrschen können, muss es überall genügend Licht geben, sodass niemand sich wegen der Dunkelheit anstößt oder über etwas stolpert – denn Schmerzen und Kummer wären genau das Gegenteil von Schabbat-Ruhe. Vor noch nicht allzu langer Zeit waren Öllichter oder Kerzen die gebräuchlichste Beleuchtung. Heute erreichen wir das gleiche Ziel durch elektrisches Licht (siehe Seite 50), aber aus den anderen Gründen zünden wir noch immer eine Flamme.

Wer zündet die Lichter?

Eine **verheiratete Frau** zündet die Lichter für sich und ihren Mann. (Ist sie nicht zu Hause, muss es ihr Mann tun.)

☞ Obwohl die Ehefrau die Lichter zündet, sollte sich auch der Ehemann an dieser Mitzwa beteiligen, indem er die Kerzen und die Kerzenständer (oder die Öllichter) vorbereitet.

Mädchen werden üblicherweise schon früh – sobald sie sprechen können – daran gewöhnt, Schabbat-Lichter zu zünden. Daher zündet jedes Mädchen in der Familie bis zur Hochzeit ein Licht.

☞ Am besten beginnt die Tochter mit dem Lichtzünden, damit die Mutter (die die Schabbat-Vorschriften erst auf sich nimmt, wenn sie selbst Lichter zündet) ihr bei Bedarf helfen kann.

Ein **unverheirateter junger Mann**, der bei den Eltern wohnt, erfüllt seine Pflicht dadurch, dass seine Mutter Lichter zündet. Wenn sie es jedoch nicht tut oder wenn er in einer eigenen Wohnung oder zur Miete wohnt, muss er selbst (zwei) Lichter zünden.

Welche Lichter verwenden wir und wie viele?

Als Schabbat-Lichter kann man Kerzen (aller Art) oder Öllampen (mit allen Arten von Öl und Dochten) verwenden. Man sollte genügend lange Kerzen oder genügend viel Öl nehmen, damit die Lichter während der Schabbat-Mahlzeit und möglichst noch danach brennen.

☞ Heute ist es besonders einfach, normale Kerzen zu nehmen, weil sie nicht tropfen. Teelichter oder mit festem Öl gefüllte Gläschen (*Neronim*) für den einmaligen Gebrauch haben den Vorteil, dass man nicht einmal Kerzenleuchter oder Glasbehälter reinigen muss.

Eine verheiratete Frau muss (mindestens) zwei Lichter zünden, entsprechend den beiden Ausdrücken, die in der Tora in Verbindung mit dem Schabbat vorkommen („gedenke des Schabbat-Tages / hüte den Schabbat-Tag“, siehe Seite 18).

☞ Es ist ein schöner und verbreiteter Brauch, dass eine Mutter außer diesen beiden Lichtern noch ein zusätzliches

Licht für jedes Kind zündet. Eine Frau mit zwei Kindern zündet also **vier** Lichter.

Wo zünden wir die Lichter?

Wie wir schon erklärt haben, ist einer der Gründe für das Lichtzünden, dass die Lichter das Erlebnis der Schabbat-Mahlzeit steigern. Deshalb zünden man die Lichter in dem Raum, in dem man isst. Idealerweise sollten die Lichter auf dem Esstisch stehen, wenn das unter dem Gesichtspunkt der Sicherheit möglich ist.

☞ Wenn man die Kerzen auf den Tisch stellt, muss man vor dem Lichtzünden auch die Challot (oder etwas anderes, was am Schabbat benutzt werden darf) auf den Tisch legen, damit der Esstisch nicht mukzeh wird und nicht mehr verschoben werden darf (siehe Seite 35).

Wann zünden wir die Lichter?

Man zündet die Schabbat-Lichter üblicherweise erst kurz vor Schabbat-Beginn, damit erkennbar ist, dass man es zu Ehren des Schabbats tut. Man muss jedoch darauf achten, die Schabbat-Lichter **vor** dem örtlichen Schabbat-Eingang zu zünden. Meistens ist das 18 Minuten vor Sonnenuntergang. In Nord-Israel und in Jerusalem (wo man sich verpflichtet hat, den Schabbat besonders früh anzunehmen) ist Schabbat-Eingang bereits 30 bzw. 40 Minuten vor Sonnenuntergang. Wenn beispielsweise die Sonne am Freitag um 18:00 Uhr untergeht, kann man die Lichter in den meisten israelischen Orten bis 17:42 Uhr zünden, im Norden bis 17:30 Uhr und in Jerusalem bis 17:20 Uhr. Im Notfall können die Lichter noch einen Moment vor Sonnenuntergang gezündet werden, aber nach Sonnenuntergang ist es absolut verboten!

Grundsätzlich beginnt der Schabbat mit Sonnenuntergang: In dem Augenblick, in dem die Sonne untergeht, fängt der Schabbat an. Man kann jedoch den Schabbat mit all seinen Regeln auch schon eine gewisse Zeit früher annehmen. In Gemeinden im deutschsprachigen Raum ist das im Sommer allgemein üblich, weil die Sonne dann erst lange nach der normalen Abendessenszeit untergeht. Der frühestmögliche Zeitpunkt für das Lichtzünden, wie auch für Ma'ariw und Kiddusch, ist Pelag ha-Mincha, 1¼ variable Stunden vor Sonnenuntergang. (Eine variable Stunde ist ein Zwölftel der Zeit von Sonnenaufgang bis Sonnenuntergang.)

Eine Frau nimmt den Schabbat mit dem Lichtzünden automatisch an. Daher muss sie beachten, dass sie danach nichts mehr tun darf, was am Schabbat verboten ist. (Für Männer beginnt der Schabbat, auch wenn sie selbst Lichter zünden, erst mit *Lecha dodi* in der Synagoge [siehe Seite 71], spätestens aber mit Sonnenuntergang.)

☞ Während die Frau des Hauses mit dem Lichtzünden den Schabbat annimmt, beginnt der Schabbat für die anderen Familienmitglieder erst kurz vor Sonnenuntergang (bzw. mit *Lecha dodi*).

Die genauen Zeiten für das Lichtzünden stehen im örtlichen jüdischen Kalender (*Lúach*). Sie können sie auch im Internet nachschauen (eine Suche nach „halachische Zeiten", „Smanim" oder englisch „Zmanim" führt zu entsprechenden Seiten) oder mit einer App auf dem Smartphone ermitteln. Wenn Ihr Aufenthaltsort nicht aufgeführt ist, benutzen Sie die Option, Ihre geographischen Koordinaten einzugeben.

Was ist vor dem Lichtzünden zu tun?

- Frauen sollten ihre Schabbat-Kleider vor dem Lichtzünden anziehen.

  ☞ Wenn eine Frau befürchtet, dass sie sich nicht rechtzeitig umziehen kann, soll sie die Lichter in ihren Alltagskleidern zünden und auf keinen Fall riskieren, dass sie durch Lichtzünden nach Sonnenuntergang den Schabbat entweiht.

- Da Frauen mit dem Lichtzünden den Schabbat annehmen, müssen sie das Nachmittagsgebet (*Mincha*, siehe Seite 31) vorher sagen.

- Es ist auch weithin üblich, vor dem Lichtzünden eine Münze in eine Spendenbüchse für Wohltätigkeit (*Zedaka*) zu stecken.

Es ist Brauch, dass sich die Familie während des Lichtzündens um die Mutter schart, um nach dem Segensspruch *Amen* zu sagen, und auch, um dabei zu sein, wenn sie im Anschluss alle Familienangehörigen im Flüsterton segnet.

Solche Augenblicke prägen sich tief ins Herz jedes Einzelnen ein und hinterlassen den unvergesslichen Eindruck von jüdischer Heiligkeit.

Warum gerade Frauen?

Die Mitzwa, Schabbat-Lichter zu zünden, wurde speziell den Frauen gegeben, weil sie naturgemäß mehr zu Hause sind, sich mehr um den Haushalt kümmern und typischerweise einen Charakter haben, der eher zum Führen eines Haushalts passt.

Ein tieferer Grund liegt darin, dass die Frauen die erste Frau in der Geschichte repräsentieren: Chawa (Eva). Bei der berühmten Sünde mit dem Baum der Erkenntnis verführte Chawa Adam dazu, von der Frucht des verbotenen Baums zu essen, und brachte damit, bildlich gesprochen, „Dunkelheit“ in die Welt: Der Mann wurde damit bestraft, dass er für seinen Lebensunterhalt schwer arbeiten muss; die Frau wurde mit den Schmerzen der Schwangerschaft und Geburt bestraft, und über beide wie auch ihre sämtlichen Nachkommen wurde die Sterblichkeit anstelle des ewigen Lebens verhängt.

Das „Licht“, das vor der Sünde mit dem Baum der Erkenntnis existierte und infolge dieser Sünde „erlosch“, bringen die Frauen heute an jedem Freitagabend zurück, wenn sie die Schabbat-Lichter zünden.

Da es meistens Frauen sind, die die Schabbat-Lichter zünden, sind die folgenden Anweisungen für Frauen geschrieben. Wenn ein Mann die Lichter zünden muss, tut er das mit denselben Schritten in derselben Reihenfolge.

Wenn ein Mädchen zum ersten Mal Schabbat-Lichter zündet

Wenn ein Mädchen zum ersten Mal in seinem Leben Schabbat-Lichter zündet, sollte es vielleicht wie bei manchen anderen neuen Erlebnissen die Beracha *Schehechejánu* sagen („Gesegnet seist Du …, der uns Leben und Bestand gegeben und uns diese Zeit hat erreichen lassen."). Am besten richtet man es deshalb so ein, dass sie die Lichter an einem Freitagabend zündet, an dem sie ein neues Kleid trägt oder der mit dem Eingang eines Feiertags zusammenfällt, denn dann muss sie sicher wegen des Kleides oder des Feiertags *Schehechejánu* sagen. Diese Beracha wird natürlich der regulären hinzugefügt: „Gesegnet seist Du …, der uns durch Seine Gebote geheiligt und uns befohlen hat, das Licht des heiligen Schabbats anzuzünden."

> ☞ Den Segensspruch *Schehechejánu* kann das Mädchen sagen, sobald es sprechen gelernt hat (sogar schon im Alter von zwei Jahren), und bis zur Bat Mitzwa. **Nachdem es 12 Jahre alt geworden ist, soll es jedoch nicht mehr *Schehechejánu* sagen** – selbst wenn es dann zum ersten Mal Schabbat-Lichter zündet.

Der Ablauf des Lichtzündens

Im Gegensatz zu anderen Mitzwot, bei denen wir erst die Beracha sagen und dann die Mitzwa ausführen, sollen Frauen zuerst die Lichter zünden, **ohne** vorher einen Segensspruch zu sagen.

1. Die Frau zündet die Lichter.

☞ Benutzt sie ein Streichholz, legt sie es in einen Aschenbecher, auf ein Stück Alu-Folie oder dergleichen, wo es von allein ausgehen kann.

2. Es ist Brauch, dass die Frau nach dem Lichtzünden ihre Hände dreimal um die Kerzen herum bewegt. Danach bedeckt sie die Augen mit den Händen und sagt den Segensspruch: „Gesegnet seist Du …, der uns durch Seine Gebote geheiligt und uns befohlen hat, das Licht des heiligen Schabbats zu zünden."

3. Es ist Brauch, dass die Frau die Augen noch bedeckt lässt und in einem stillen Gebet dem Schöpfer der Welt für seine Schöpfung dankt und für die Freude, die sie von den Kindern und den anderen Familienangehörigen hat. Jede Frau kann um etwas bitten, was ihr am Herzen liegt, und das ist auch die passende Zeit, darum zu bitten, dass der Maschiach bald kommen möge.

4. Nach der Beracha nimmt sie die Hände von den Augen und schaut auf die Schabbat-Lichter. Jetzt, nach dem Lichtzünden, hat die Frau den Schabbat angenommen. Selbst wenn sie die Lichter vor dem tatsächlichen Schabbat-Eingang gezündet hat, hat für sie der Schabbat begonnen, und sie darf die am Schabbat verbotenen Tätigkeiten nicht mehr ausführen.

5. Nach dem Lichtzünden wünscht die Frau üblicherweise ihrem Mann und der Familie *Schabbat Schalom*.

Ein Video zum Lichtzünden für Schabbat finden Sie im Internet unter youtu.be/UCuZ7c5CmVw

Nach dem Lichtzünden

- Die Frau kann einen der Männer, die zu Hause sind (und den Schabbat noch nicht angenommen haben) darum bitten, die Streichhölzer oder die Spendenbüchse, die auf dem Tisch standen, wegzutun, denn am Schabbat sind sie mukzeh (siehe Seite 35).
- Wenn die Lichter gezündet worden sind, dürfen sie nicht mehr bewegt werden (auch wenn sie nicht mehr brennen).
- Nach dem Lichtzünden darf man erst wieder essen oder trinken werden, nachdem man den Kiddusch vor der Schabbat-Mahlzeit gesagt oder gehört hat.

O nein! Ich habe vergessen, Lichter zu zünden!

Eine Frau, die regelmäßig am Freitagabend die Schabbat-Lichter zündet und es einmal vergessen hat, muss von der folgenden Woche an **ein Licht mehr** zünden, zusätzlich zu denen, die sie bis dahin immer gezündet hat. Dieses zusätzliche Licht soll sie stets daran erinnern, die Mitzwa nicht noch einmal zu vergessen.

Falls die Frau keine Möglichkeit hatte, Schabbat-Lichter zu zünden, z.B. weil sie einen Kranken pflegen musste, muss sie kein zusätzliches Licht zünden, weil sie es ja nicht einfach vergessen hat.

Frage: In letzter Zeit habe ich mich – G"tt sei Dank – dem Judentum und den Mitzwot angenähert und auch beschlossen, Schabbat-Lichter zu zünden. Muss ich als Korrektur (*Tikkun*) für all die Schabbatot, für die ich in der Vergangenheit keine Lichter gezündet habe, ein zusätzliches Licht zünden?

Antwort: Zunächst einmal: Viel Erfolg auf Ihrer weiteren Rückkehr zu Ihren jüdischen Wurzeln. Was den Tikkun angeht: Sie müssen keinen zusätzlichen Lichter für die vergangenen Schabbatot zünden. Beginnen Sie mit der Zahl von Lichtern, die Sie jetzt regulär zünden müssen, und deren Licht wird schon das „Dunkel" jener Schabbatot vertreiben.

Der Schabbat-Beginn

Der Schabbat beginnt am Freitag, dem Vorabend von Schabbat (*Erew Schabbat*), bei Sonnenuntergang und dauert bis zum Sichtbarwerden der Sterne (*Zet ha-Kochawim*) am Samstagabend. Der Freitagabend nach Schabbat-Eingang heißt *Lejl Schabbat* 'Schabbat-Nacht', und die Bezeichnung *Motza'ej Schabbat* 'Schabbat-Ausgang' wird nicht nur für das Schabbat-Ende verwendet, sondern auch für die Zeit von dann bis zum Morgengrauen am Sonntag.

Sind Sie nicht zu Hause? Sind Sie im Norden? Im Süden? Im Ausland? Man kann sich immer über die genaue Zeit informieren, wann der Schabbat an irgendeinem Ort in der Welt beginnt und aufhört. Die Zeiten sind im örtlichen jüdischen Kalender (*Lúach*) oder im Internet zu finden (siehe Seite 60).

Mincha (Nachmittagsgebet)

Nach dem Anzünden der Kerzen sollte man sich beeilen, in die Synagoge zu gehen, um den Schabbat zur rechten Zeit zusammen mit der Gemeinde zu begrüßen.

Das Mincha-Gebet am Freitag wird **vor** Sonnenuntergang gesagt, weil danach der Schabbat schon begonnen hat – und am Schabbat sagt man kein wochentägliches Gebet.

Vorbereitung auf das Gebet

☞ Vor dem Gebet muss man sich vergewissern, dass der Körper sauber ist und dass man nicht auf die Toilette gehen muss.

☞ Während des Gebets muss man würdig und passend gekleidet sein, so wie es heutzutage bei einem Treffen mit einer wichtigen Person üblich ist.

☞ Bei Chassidim ist es üblich, in einem Anzug und mit zwei Kopfbedeckungen (zum Beispiel einer Kippa und einem Hut) zu beten. Außerdem tragen verheiratete Männer einen besonderen Gürtel (jiddisch *Gartel*, in der Sprache der Halacha *Awnet*, nach dem Gürtel der Kohanim beim Tempeldienst). Auf diese Weise stimmen sie sich auf das Gebet ein.

Bei Chassidim ist es üblich, am Schabbat ein besonderes Kleidungsstück aus Seide zu tragen, z.B. einen langen Mantel oder einen für Schabbat reservierten Gartel.

Netilat Jadájim (Händewaschen)

Wie vor dem Morgengebet wäscht man sich vor Mincha die Hände mit Wasser (sogar wenn sie nicht schmutzig sind), aber man sagt darüber keine Beracha.

☞ Man muss darauf achten, dass die Hände während des gesamten Gebets rein bleiben. (Man darf also keine von der Kleidung bedeckten Körperteile berühren.)

Zedaka (Spende)

Es ist üblich, vor dem Mincha-Gebet Zedaka zu geben; das Wort bedeutet ‘Gerechtigkeit’, meint hier aber eine Geldspende. Weil aber der Schabbat kurz nach dem Gebet beginnt, macht man diese Spende besser schon **zu Hause,** bevor man zum Gebet geht. Am Freitagnachmittag steckt man üblicherweise nicht nur wie wochentags eine Münze in die Spendenbüchse, sondern zwei. Eine davon ist für den Schabbat, an dem es natürlich verboten ist, mit Geld zu hantieren, weil es mukzeh ist.

☞ Aus praktischen Gründen empfiehlt es sich, dass die Männer (und Kinder) diese Spende zur gleichen Zeit geben wie die Frauen, also vor dem Lichtzünden.

Die Gebetsordnung

Den Abschnitten über die Opfer (*Korbanot*) und die Zusammensetzung des Räucherwerks (*Pittum ha-Ketóret*), die man jeden Wochentag vor dem Mincha-Gebet sagt, gehen drei zusätzliche Abschnitte für den heiligen Schabbat voraus:

- Der Psalm *Hodu la-schem ki tow, ki le-olam chasdo* (הוֹדוּ לַה' כִּי טוֹב כִּי לְעוֹלָם חַסְדּוֹ ‘danket dem Ewigen, denn Er ist gut, denn Seine Güte währt für immer’, *Tehillim* 107) nennt vier Arten von Menschen, die aus einer Bedrängnis befreit wurden und deshalb HASCHEM Dank schulden.
- Der Abschnitt *Patach Elijáhu* (פָּתַח אֵלִיָּהוּ ‘Elijahu eröffnete’) aus dem Buch *Sohar* spricht von den „Zehn Sphären“ (*Sefirot*), den „Mitteln“, durch die HASCHEM in der Welt wirkt.

- Die Hymne *Jedid néfesch aw ha-rachaman* (יְדִיד נֶפֶשׁ אָב הָרַחֲמָן 'Geliebter meiner Seele, barmherziger Vater') beschreibt unsere Sehnsucht nach dem Schöpfer und den Wunsch, sich Ihm anzuheften.

Die Bedeutung der regulären wochentäglichen Abschnitte des Gebets wird in dem bereits erschienenen Band *Judentum für Einsteiger – Synagoge und Gebet* ausführlich erörtert (siehe www.booksnbagels.com/Judentum).

Danach fängt das eigentliche Gebet an:

- Der Vorbeter (auch *Chasan* 'Kantor' oder *Schalíach Zibbur* 'Abgesandter der Gemeinde' genannt), beginnt mit *Aschrej joschewej wejtécha* (אַשְׁרֵי יוֹשְׁבֵי בֵיתֶךָ 'glücklich sind die, die in Deinem Haus wohnen'), gefolgt vom halben Kaddisch und der leisen Amida, dem Stehgebet.
- Der Vorbeter wiederholt die Amida laut; dabei antwortet die Gemeinde in der Keduscha und spricht während dem *Modim* des Vorbeters das *Modim de-Rabbanan*.
- Da am Freitagnachmittag kein Tachanun gesagt wird, sagt der Vorbeter nach der Wiederholung der Amida sofort das ganze Kaddisch; das Mincha-Gebet endet mit *Aléjnu le-schabbéach* (עָלֵינוּ לְשַׁבֵּחַ 'an uns ist es, zu rühmen').

In den meisten Synagogen in Israel beginnt man das Abendgebet erst mit Nachteinbruch und nutzt die

Pause zwischen Mincha und Kabbalat Schabbat für das Tora-Studium. Dabei führt meist der Rabbiner oder ein Gemeindemitglied Gedanken zum Wochenabschnitt der Tora aus. Wenn es, wie in Mitteleuropa im Sommer, spät Nacht wird und man Ma'ariw schon vorher betet, ist eine solche Unterbrechung nicht nötig.

Kabbalat Schabbat

Der erste Teil des Ma'ariw-Gebets am Freitagabend wird als *Kabbalat Schabbat* 'Empfang des Schabbats' bezeichnet, weil wir mit diesem ersten Gebet am Schabbat den Tag sozusagen begrüßen.

In manchen Gemeinden ist es üblich, vor (oder nach) Kabbalat Schabbat das von König Schelomo verfasste Hohelied (*Schir ha-Schirim*) zu lesen, und/oder den Abschnitt *Ba-meh madlikin* (בַּמֶּה מַדְלִיקִין 'womit zündet man an') aus dem Mischna-Traktat *Schabbat*, in dem es um das Lichtzünden für Schabbat geht.

Einleitende Psalmen

Kabbalat Schabbat beginnt mit einer Folge von sechs Kapiteln aus den Psalmen (*Tehillim* 95-99 und 29), die den sechs Wochentagen entsprechen und sich mit drei zentralen Themen befassen:

- **Freude**: In diesen Psalmen herrscht eine freudige, heitere Stimmung, die uns hilft, den Schabbat mit wahrer Freude und in Hochstimmung zu begrüßen.

- **Erschaffung der Welt**: Der Schabbat ist der Höhepunkt der Schöpfung, der Tag, an dem der Schöpfer von seinem Werk ruhte, nachdem er die Welt mit all ihren Lebewesen erschaffen und gebildet hatte.

In diesen Psalmen bringen wir in Bescheidenheit und Demut unsere tiefe Dankbarkeit gegenüber dem Schöpfer der Welt für sein wunderbares Werk zum Ausdruck.

- **Sehnsucht nach dem Maschiach**: Die sechs Wochentage entsprechen den sechstausend Jahren, die die Welt bestehen wird. Das siebte Jahrtausend wird mit dem Schabbat verglichen: In der Zeit des Maschiachs wird die Welt ein Stadium von Vollkommenheit und neuer Ordnung erreichen, das in die Kommende Welt führt.

Diese Psalmen drücken die Sehnsucht nach jener besonderen Zeit aus, in der ein Geist von Heiligkeit und Reinheit in der Welt herrschen wird.

☞ Bei dem sechsten Psalm, *Mismor le-David* (מִזְמוֹר לְדָוִד 'ein Lied Davids', *Tehillim* 29), steht man auf.

Lecha dodi

Die schöne Schabbat-Hymne *Lecha dodi*, die wir im Kabbalat-Schabbat-Gebet singen, ist allgemein bekannt. Sie wurde von R' Schelomo Alkabetz verfasst, einem der bedeutenden Meister der Kabbala, die vor ungefähr 500 Jahren in der heiligen Stadt Zefat (Safed) lebten. Er „signierte" den Text dadurch, dass die ersten Buchstaben der acht Verse seinen Namen *Schelomo ha-Levi* (שלמה הלוי) bilden:

שָׁמוֹר וְזָכוֹר	‘hüte und gedenke’
לִקְרַאת שַׁבָּת	‘dem Schabbat entgegen’
מִקְדַּשׁ מֶלֶךְ	‘Heiligtum des Königs’
הִתְנַעֲרִי	‘schüttle ab’
	usw.

Der Refrain, der sich am Ende jeder Strophe wiederholt, lautet *Lecha dodi likrat kalla, penej schabbat nekabbela* (לְכָה דוֹדִי לִקְרַאת כַּלָּה פְּנֵי שַׁבָּת נְקַבְּלָה ‘auf, mein Freund, der Braut entgegen, den Schabbat wollen wir begrüßen’). Das Volk Israel ist hier der Bräutigam, während der Schabbat als Braut dargestellt wird, der wir zur Begrüßung entgegengehen.

☞ Vor der letzten Strophe, *Bó’i we-schalom* (בּוֹאִי בְשָׁלוֹם ‘komme in Frieden’), dreht sich die ganze Gemeinde um 180° um – nach Minhag Chabad gegen den Uhrzeigersinn.

☞ Am Ende der Strophe sagen wir dreimal *bó’i challa* (בּוֹאִי כַלָּה ‘komm, Braut’). Beim ersten Mal wenden wir den Kopf etwas nach rechts und beim zweiten Mal nach links. Dann drehen wir uns weiter, bis wir wieder zum Tora-Schrank (*Aron ha-Kódesch*) schauen, und flüstern *bó’i challa schabbat malketa* (בּוֹאִי כַלָּה שַׁבָּת מַלְכְּתָא ‘komm, Braut, Schabbat-Königin’), wobei wir uns leicht nach vorn verbeugen. Zum Schluss folgt noch einmal der Refrain *Lecha dodi.*

Mismor schir le-jom ha-schabbat (מִזְמוֹר שִׁיר לְיוֹם הַשַּׁבָּת ‘ein Psalm, ein Lied für den Schabbat-Tag’)

Zu Ehren des heiligen Schabbats sagen wir den Psalm 92, den die Levi’im jeden Schabbat im Bejt ha-Mikdasch, dem Tempel, sangen.

Der Schabbat und die Wochentage – und ebenso die Erlösung (*Ge’ula*) und die Zeit der Diaspora (*Galut*) – entsprechen Tag und Nacht. Am „Morgen“ sehen wir die Güte G”ttes klar, in der „Nacht“ dagegen müssen wir an sie glauben, weil wir sie nicht immer direkt sehen. Am Schabbat können wir die Taten des Schöpfers betrachten und erkennen, dass sich tiefe Gedanken dahinter verbergen. Manchmal empfinden wir es als frustrierend, dass die Bösen „blühen wie Gras“ und so erfolgreich sind; wenn wir das aber etwas tiefer betrachten, verstehen wir, dass alle „Belohnungen“, die sie in dieser Welt bekommen, eigentlich eine Strafe sind, weil ihnen für die zukünftige Welt kein „Kredit“ mehr übrig bleibt.

König David vergleicht dann den Gerechten mit einer Palme und einer Zeder: „Der Gerechte blüht auf wie eine Palme, wächst hoch wie eine Zeder im Libanon“ (*Tehillim* 92:13). Die Dattelpalme zeichnet sich dadurch aus, dass all ihre Teile einen Nutzen haben: Die Früchte sind nahrhaft, und man gewinnt aus ihnen Dattelhonig; die Zweige geben Schatten, man kann Körbe und Matten daraus flechten, und sie dienen am Sukkot-Fest als Lulaw, eine der vier Arten (*Arba Minim*) im Feststrauß. Die Zeder ist vor allem wegen ihrer Größe, Kraft und Stärke berühmt. Zedern sind immergrüne Bäume, beeindruckend in ihrer Pracht und haben einen angenehmen Duft – und aus diesen und anderen Gründen vergleicht König David die Gerechten mit diesen Bäumen.

Gegenüber gewöhnlichen Menschen ist der Gerechte wie der Schabbat unter den Wochentagen. Er ist der vollkommene Mensch, heilig und ohne jedes Böse. Wir beten darum, dass alle die Belohnung der Gerechten und die Bestrafung der Bösen sehen mögen, und dann müssen alle verkünden, „dass der Ewige gerade ist“.

HASCHEM malach, ge'ut lawesch (ה' מָלָךְ גֵּאוּת לָבֵשׁ 'der Ewige hat regiert, Er hat Hoheit angelegt')

Zu Beginn dieses Psalms (*Tehillim* 93) spricht König David von der Zeit der Erlösung, in der alle Völker der Welt das Königtum des Schöpfers und Seine Ewigkeit anerkennen. Aber jetzt, in der Galut, wo wir den Drohungen und Einschüchterungen feindlicher Kräfte ausgesetzt sind, bleibt uns nichts anderes übrig, als zu glauben und uns an die Worte der heiligen Tora und der Propheten zu halten, denn es kommt sicher der Tag, wenn der Maschiach kommt und der dritte Tempel (*Bejt ha-Mikdasch*) errichtet wird – und so glauben wir dem Ewigen und sind ihm treu „für die ganze Dauer der Tage“.

☞ Ist ein Minjan, ein Quorum von zehn erwachsenen Männern, anwesend, sagt jetzt ein Trauernder das Kaddisch der Trauernden.

Ke-gawna (כְּגַוְנָא 'gerade wenn')

Bevor wir Kabbalat Schabbat beenden und zu den regulären Teilen des Abendgebets übergehen, sagen wir zwei Abschnitte aus dem heiligen Buch *Sohar*, die mit den Worten *Ke-gawna* (כְּגַוְנָא 'gerade wenn') und *Rasa de-schabbat* (רָזָה דְשַׁבָּת 'das Mysterium des Schabbats') anfangen. Sie befassen sich mit dem Geheimnis und dem geistigen Wesen des Schabbats.

Sie erklären seinen besonderen Grad der Heiligkeit und beschreiben, wie die Kräfte der Unreinheit, die an den anderen Tagen der Woche in der Welt herrschen, durch die gewaltige Kraft des heiligen Schabbats abgeschreckt werden und verschwinden.

Diese Abschnitte enthalten einen direkten Hinweis darauf, dass jeder Mensch bei Schabbat-Beginn eine zusätzliche Seele (*Neschama jetera*) bekommt, eine tiefere Ebene der Seele, durch die wir die besondere Heiligkeit des Schabbats spüren und empfinden können.

☞ Während dieser Abschnitte bleiben wir stehen, bis nach *Barechu* (בָּרְכוּ 'segnet').

Nach *Rasa de-schabbat* folgt bis zur Amida das normale Abendgebet, wie wir es jeden Abend sagen (siehe *Judentum für Einsteiger – Synagoge und Gebet*, Seite 183-187).

☞ Wer alleine betet oder merkt, dass er es nicht schaffen wird, zusammen mit der Gemeinde auf *Barechu* zu antworten, sagt jetzt einen Abschnitt aus dem Buch *Sohar*, der im Siddur vor Ma'ariw für Schabbat steht: *We-lomar barechu et HASCHEM ha-m'worach* (וְלוֹמַר בָּרְכוּ אֶת ה' הַמְבֹרָךְ 'und sagt: Segnet den Ewigen, der gesegnet ist').

☞ Ist ein Minjan anwesend, sagt der Vorbeter das halbe Kaddisch, und die Gemeinde antwortet mit *Amen* usw. Dann sagt der Vorbeter das *Barechu*, und die Gemeinde antwortet ihm.

Das *Schema Jissra'el* am Abend

Segenssprüche vor *Schema Jissra'el*

Vor *Schema Jissra'el* (שְׁמַע יִשְׂרָאֵל 'höre, Israel') sagen wir zwei Segenssprüche: ***Ha-ma'ariw arawim*** (הַמַּעֲרִיב עֲרָבִים 'der bewirkt, dass die Abende dunkel werden') und ***Ahawat olam*** (אַהֲבַת עוֹלָם 'mit ewiger Liebe'). Diese Segenssprüche wecken in unseren Herzen die Liebe zum Schöpfer der Welt, indem wir die wunderbare Ordnung betrachten, mit der Er die himmlischen Heerscharen führt, und indem wir uns an die gewaltige Liebe des Schöpfers zu Seinem Volk, dem Volk Israel, erinnern.

Schema Jissra'el (שְׁמַע יִשְׂרָאֵל 'höre, Israel')

☞ Während wir den Vers *Schema Jissra'el* ... sagen, schließen wir die Augen und bedecken sie mit der rechten Hand, damit wir uns vollkommen konzentrieren können, ohne durch irgendetwas abgelenkt zu werden.

☞ Diesen Vers soll man mit großer Konzentration (*Kawwana*) sagen und an die Bedeutung jedes Wortes denken. Kawwana ist für diesen Vers wesentlich, und wer ihn ohne Konzentration gesagt hat, muss ihn wiederholen.

☞ Der nächste Satz, *Baruch schem kewod malchuto* (בָּרוּךְ שֵׁם כְּבוֹד מַלְכוּתוֹ ‘gesegnet sei der Name der Herrlichkeit Seines Königreiches’), wird flüsternd gesagt.

☞ Das *Schema Jissra'el* sollte man langsam sagen und an die Bedeutung jedes Wortes denken. Dabei ist darauf zu achten, dass man die einzelnen Wörter nicht miteinander verschleift oder gar „verschluckt“.

☞ Am Abend hält man beim *Schema Jissra'el* die Zitzit nicht in der Hand und küsst sie nicht, wenn man das Wort *Zitzit* sagt.

Nach dem *Schema Jissra'el* sagt man zwei Segenssprüche:

In ***Emet we-emuna*** (אֱמֶת וֶאֱמוּנָה ‘Wahrheit und Glaube’), auch ***Birkat ge'ula*** ‘Segen der Erlösung’ genannt, ist von den Wundern des Schöpfers beim Auszug aus Ägypten und beim Durchzug durch das Schilfmeer die Rede.

Haschkiwénu (הַשְׁכִּיבֵנוּ ‘vergönne es uns, uns niederzulegen’) ist eine besondere Beracha, in der wir unser Gefühl ausdrücken, Kinder unseres Vaters im Himmel zu sein. Am Morgen, wenn unsere Gefühlswelt für heilige Dinge noch kühl ist, ist unsere Beziehung zum Schöpfer der Welt wie die zu einem König. Am Abend, nach einem Tag voller verborgener Wunder und nach drei Gebeten voller Gefühle und Gedanken, ist unser Verhältnis zum Schöpfer der Welt so wie das zu einem Vater.

Im Gegensatz zum Abendgebet an Wochentagen bitten wir hier nicht um Schutz für die Nachtstunden, weil wir auf die besondere Kraft des Schabbats vertrauen, die uns vor allem Bösen und jeglichem Schaden bewahrt.

Der Segensspruch endet mit den Worten: „Gesegnet seist Du, Ewiger, der den Schutz des Friedens über uns ausbreitet, über Sein ganzes Volk Israel und über Jerusalem.“

☞ Ist ein Minjan anwesend, sagt der Vorbeter jetzt das halbe Kaddisch. Danach folgt das Amida-Gebet.

Amida (Stehgebet)

Die Amida am Freitagabend beginnt und endet mit denselben Segenssprüchen (*Berachot*) wie das „Achtzehn-Gebet“ (*Schemoneh Essreh*), das man während der Woche sagt.

- Drei Berachot des Lobes: *Awot* ‘Stammväter’, *Gewurot* ‘Macht [G”ttes]’ und *Keduschot* ‘Heiligkeit [G”ttes]’.
- Drei abschließende Berachot: *Awoda* ‘Tempeldienst’, *Hoda’a* ‘Dank’ und *Schalom* ‘Frieden’.

Der Schabbat ist ein Tag von Heiligkeit, Freude und Ruhe. Am Schabbat lassen wir die dreizehn mittleren Berachot der wochentäglichen Schemoneh Essreh weg, weil sie sich mit materiellen Dingen befassen: der Sorge um den Lebensunterhalt, Bitten für die Bedürfnisse, die mit dem Alltagsleben verbunden sind, und dergleichen.

Keduschat ha-Jom ‘Heiligkeit des Tages’

Anstelle der dreizehn alltäglichen Beracha haben unsere Weisen für den Schabbat in die Amida eine mittlere Beracha eingefügt, der als *Keduschat ha-Jom* ‘Heiligkeit des Tages’ bezeichnet wird und sich mit der Heiligkeit des Schabbats befasst.

Mit diesem zusätzlichen Segensspruch verwandelt sich die Amida von Schabbat in ein Gebet mit **sieben Berachot.** Die Zahl **Sieben** steht für eine besondere Art der Vollkommenheit in der Schöpfung, und so ist es nur natürlich und passend, dass der **siebte** Tag der Woche ein Gebet bekommt, das **sieben** Berachot umfasst.

Diese Beracha enthält eine Reihe von Abschnitten, die alle vom gleichen Thema handeln, aber in Ma'ariw, Schacharit und Mincha verschieden sind. Am Freitagabend sind es die folgenden:

Atta kiddáschta (אַתָּה קִדַּשְׁתָּ 'Du hast geheiligt')

Dieser Abschnitt ist eine Art Einleitung zu einem Zitat aus der Tora, in dem zum ersten Mal ein Hinweis auf den Schabbat steht, nämlich am Ende der Beschreibung der Erschaffung der Welt im Wochenabschnitt *Bereschit* 'im Anfang'. Wir erkennen damit an, dass der Schöpfer den Schabbat geheiligt und ihn zu einem besonderen Tag gemacht hat, der auf den Zweck der Schöpfung hinweist – einen Tag der spirituellen Wachstums und der Anerkennung des Schöpfers und Lenkers der Welt.

Wa-j'chullu ha-schamájim (וַיְכֻלּוּ הַשָּׁמַיִם 'die Himmel … waren vollendet')

„Die Himmel und die Erde und all ihre Heerscharen waren vollendet." Mit diesen historischen Worten beschließt die Tora die bemerkenswerteste Erzählung in der hebräischen Bibel (*Tenach*, kurz für ***Tora*** – ***N****evi'im* 'Propheten'

– ***K**etuwim* ‘Schriften’): die von der Erschaffung der Welt. G”tt schuf Himmel und Erde, Meer und Land, die Pflanzenwelt mit all ihren Gattungen und Arten, Sonne, Mond und Sterne, die Tierwelt mit all ihren Geschöpfen – und natürlich die ersten Menschen, Adam und Chawa. Alles in unserem überwältigenden Universum wurde in sechs Tagen „Werk“ erschaffen, in denen der Schöpfer etwas von Seiner gewaltigen Macht offenbarte und eine wunderbare Schöpfung hervorbrachte, indem Er neues Leben „aus dem Nichts“ (*Jesch me-Ájin*) schuf.

Am Ende des sechsten Tages, als die Arbeit vollbracht war, bestimmte der Schöpfer den siebten Tag zum Tag der Ruhe, Heiligkeit und spiritueller Erhebung. An diesem Tag können Seine geliebten Geschöpfe Ihn anerkennen, sich ein wenig vom Körperlichen und Materiellen lösen und wenigstens einmal in der Woche ein geistigeres Leben führen, ein Leben, das Sinn hat.

Jeder jüdische Mensch, der *Wa-j'chullu* sagt, wird zu einem lebendigen Zeugen, der bestätigt, dass G”tt derjenige ist, der unsere wunderbare Welt mit all ihren Lebensformen in sechs Tagen erschaffen und den siebten Tag zum Tag der Heiligkeit und Ruhe bestimmt hat.

Wir müssen das große und besondere Privileg anerkennen, Glied einer lebendigen und nicht endenden Kette der Weitergabe dieses Zeugnisses zu sein, und damit kommen wir schon zum nächsten Abschnitt: *Jissmechu we-malchutecha.*

Jissmechu we-malchutecha (יִשְׂמְחוּ בְמַלְכוּתְךָ 'freuen werden sich an Deinem Königtum')

„Freuen werden sich an Deinem Königtum jene, die den Schabbat einhalten und ihn eine Freude nennen". So beginnt ein Abschnitt, in dem wir unsere Gefühle von Freude über die Heiligkeit des Schabbats ausdrücken, der tatsächlich „eine Erinnerung an das Schöpfungswerk" ist – ein Tag, der uns bewusst macht, dass diese Welt von ihrem Schöpfer geschaffen wurde.

Elokéjnu w-Elokej awotéjnu (אֱלוֹקֵינוּ וֵאלֹקֵי אֲבוֹתֵינוּ 'unser G"tt und G"tt unserer Väter')

In diesem besonderen Gebet bitten wir den Schöpfer darum, er möge unseren Ruhetag mit Wohlwollen und Zufriedenheit annehmen; wir beten zu Ihm, Er möge uns die Möglichkeit geben, das Tora-Studium zu verstehen und unser Herz zu reinigen, damit wir Ihm aufrichtig und wahrhaftig verbunden sein können.

Mit den Worten *Baruch atta HASCHEM, mekaddesch ha-schabbat* (בָּרוּךְ אַתָּה ה' מְקַדֵּשׁ הַשַּׁבָּת 'gesegnet seist Du, Ewiger, der den Schabbat heiligt') beenden wir diesen Abschnitt und zugleich die Beracha *Keduschat ha-Jom*. Darauf folgen die drei abschließenden Berachot.

Wenn der Beginn eines neuen jüdischen Monats (*Rosch Chodesch*) auf Schabbat fällt, wird vor *Modim anáchnu lach* (מוֹדִים אֲנַחְנוּ לָךְ'wir danken Dir') der Abschnitt *Ja'aleh we-jawo* (יַעֲלֶה וְיָבוֹא 'es steige auf und komme') eingeschoben.

Nach der Amida

Wa-j'chullu ha-schamájim (וַיְכֻלּוּ הַשָּׁמַיִם 'die Himmel … waren vollendet')

Beim Abendgebet wiederholt der Vorbeter nicht die ganze *Amida* laut, sondern beginnt mit *Wa-j'chullu*; die Gemeinde spricht den ganzen Abschnitt laut im Stehen mit. Obwohl wir ihn schon in der stillen Amida gesagt haben, wiederholen wir ihn, damit auch diejenigen ihre Pflicht erfüllen können, die Mühe mit dem Lesen haben oder noch nicht genügend mit dem Gebet vertraut sind und diesen Abschnitt deshalb in ihrer stillen Amida nicht gesagt haben.

Warum stehen wir bei *Wa-j'chullu?*

Wie erwähnt, bezeugen wir mit *Wa-j'chullu*, dass G"tt die Welt geschaffen hat. Wir tun das im Stehen, weil in einem jüdischen Gericht ein Zeuge bei seiner Aussage steht. Wegen der Parallele zu einer Zeugenaussage ist es auch wünschenswert, *Wa-j'chullu* zusammen mit einer weiteren Person zu sagen, weil im jüdischen Recht normalerweise nur eine Aussage von zwei Zeugen gültig ist und akzeptiert wird.

☞ Wer allein betet, sagt nur zwei Abschnitte: *Wa-j'chullu* (bis *ascher bara Elokim la-assot* אֲשֶׁר בָּרָא אֱלֹקִים לַעֲשׂוֹת 'das G"tt geschaffen') und *Magen Awot* 'Schild der Väter' (bis *Sécher le-ma'asseh wereschit* זֵכֶר לְמַעֲשֵׂה בְרֵאשִׁית 'zur Erinnerung an das Schöpfungswerk'). Aber auch ohne *Minjan* sollte man *Wa-j'chullu* möglichst zu zweit sagen.

Die Beracha *Me'ejn Schéwa* 'wie sieben'

Nach *Wa-j'chullu* sagt der Vorbeter eine Beracha, die *Me'ejn Schéwa* 'wie sieben' genannt wird, weil sie eine Art Zusammenfassung der sieben Berachot der Amida von Freitagabend ist. Der Vorbeter beginnt mit: „Gesegnet seist Du, Ewiger, unser G"tt und G"tt unserer Väter, … der große, mächtige und ehrfurchtgebietende G"tt, der erhabene G"tt, Schöpfer von Himmel und Erde". Danach sagt die Gemeinde zusammen den zentralen Teil, in dem der Inhalt der sieben Segenssprüche der Amida in Kürze enthalten ist:

1. *Magen awot* (מָגֵן אָבוֹת 'Schild der Väter') entspricht ***Awot*** 'Stammväter' *(Magen Awraham* מָגֵן אַבְרָהָם 'Schild Awrahams')
2. *Mechajeh metim* (מְחַיֶּה מֵתִים 'der Tote erweckt') entspricht ***Gewurot*** 'Macht' (*Mechajeh ha-metim* מְחַיֶּה הַמֵּתִים 'der die Toten erweckt')
3. *Ha-Kel ha-kadosch sche-ejn kamóhu* (**הָקֵל הַקָּדוֹשׁ** שֶׁאֵין כָּמֹהוּ 'der heilige G"tt, dem niemand gleicht') entspricht ***Keduschot*** 'Heiligkeit' (*ha-Kel ha-kadosch* הָקֵל הַקָּדוֹשׁ 'der heilige G"tt')
4. *Ha-meníach le-ammo* (הַמֵּנִיחַ לְעַמּוֹ 'der Seinem Volk Ruhe gibt') entspricht ***Keduschat ha-Jom*** 'Heiligkeit des Tages' (*Retzeh bi-m'nuchaténu* רְצֵה בִּמְנוּחָתֵנוּ 'habe Wohlgefallen an unserer Ruhe')
5. *Lefanaw na'awod* (לְפָנָיו נַעֲבֹד 'dienen werden wir Ihm) entspricht ***Awoda*** 'Tempeldienst' (*Retzeh HASCHEM* 'רְצֵה ה 'schau mit Wohlwollen, Ewiger')

6. *We-nodeh li-sch'mo* (וְנוֹדֶה לִשְׁמוֹ 'und wir werden Seinem Namen danken entspricht ***Hoda'a*** 'Dank' *Modim anáchnu lach* (מוֹדִים אֲנַחְנוּ לָךְ 'wir danken) Dir / erkennen Dich an')
7. *Adon ha-schalom* (אֲדוֹן הַשָּׁלוֹם 'Meister des Friedens entspricht ***Schalom*** 'Frieden') *Sim schalom* שִׂים שָׁלוֹם 'gib Frieden')

Nachdem die Gemeinde diesen Abschnitt beendet hat, der mit den Worten *sécher le-ma'asseh wereschit* (זֵכֶר לְמַעֲשֵׂה בְרֵאשִׁית 'zum Gedenken des Schöpfungswerks') aufhört, sollte der Vorbeter ihn wiederholen und dann fortsetzen: „Unser G"tt und G"tt unserer Väter, habe Wohlgefallen an unserer Ruhe … läutere unser Herz, damit wir Dir in Wahrheit dienen … Gesegnet seist Du, Ewiger, der den Schabbat heiligt."

Die Beracha *Me-ejn Schéwa* wurde in die Gebetsordnung zu einer Zeit aufgenommen, als sich die Synagogen außerhalb der Stadt im Wald oder auf dem Feld befanden, damit sie fern von der Hektik und dem Lärm der Stadt waren. Um denen, die für ihr Gebet länger brauchen, genug Zeit zu geben, verlängerte man das Gebet der Gemeinde, indem man diesen Segensspruch einfügte. So wurde vermieden, dass einzelne Beter in der Synagoge zurückblieben und dann allein durch den gefährlichen Wald oder über die Felder nach Hause gehen mussten. Obwohl heute die Synagogen in der Stadt stehen, ist diese Vorschrift der Weisen nicht aufgehoben und daher sagen wir weiterhin die Beracha *Me'ejn Schéwa*.

Es folgt der Psalm „Der Ewige ist mein Hirte, ich entbehre nichts“ (*Tehillim* 23). Danach sagt der Vorbeter das halbe Kaddisch und *Barechu*, und alle sprechen das Schlussgebet *Aléjnu le-schabbéach* (עָלֵינוּ לְשַׁבֵּחַ ‘an uns ist es, zu preisen’).

Zwischen Pessach und Schawuot wird vor *Aléjnu* die *Ómer*-Zählung eingeschoben.

Warum wird *Ómer* gezählt? Und wie wird gezählt? Das wird in dem Band *Judentum für Einsteiger – Synagoge und Gebet* kurz erläutert (Seite 188-190) und soll in dem Band *Judentum für Einsteiger – Pessach und Schawuot* ausführlicher dargestellt werden.

Am Ende des Gebets wünscht man sich gegenseitig *Schabbat Schalom* und geht für die Schabbat-Mahlzeit nach Hause.

Die Mahlzeit am Freitagabend

Vor dem Kiddusch

Wenn man vom Abendgebet nach Hause kommt, wünscht man der ganzen Familie *Schabbat Schalom*.

Schalom aléjchem (שָׁלוֹם עֲלֵיכֶם 'Friede mit euch')

Gemäß der jüdischen Tradition wird man am Freitagabend auf dem Heimweg von der Synagoge von zwei Boten G"ttes (*Mal'achim*) begleitet – einem guten und einem bösen. Wenn sie ins Haus kommen und feststellen, dass der Tisch für die Mahlzeit gedeckt ist, die Schabbat-Lichter brennen und im Haus heilige Schabbat-Stimmung herrscht, wünscht der gute Mal'ach: „Möge es auch am kommenden Schabbat so aussehen!" Der böse Mal'ach hat dann keine Wahl und muss das wider Willen mit *Amen* bestätigen. Ist es im Haus dagegen nicht so, wie es sein sollte, sagt der böse Mal'ach: „Möge es auch am kommenden Schabbat so aussehen!" Und dann hat der gute Mal'ach keine Wahl und muss das mit *Amen* bestätigen.

Da die beiden Mal'achim uns danach weiterhin begleiten, sollten wir sie nicht „warten" lassen, sondern sie gleich nach unserer Ankunft mit dem bekannten Lied *Schalom aléjchem* 'Friede mit euch' begrüßen. Es besteht aus vier Strophen: „**Friede mit Euch**", „**Euer Kommen sei zum Frieden**", „**Segnet mich mit Frieden**" und „**Euer Weggehen sei zum Frieden**". Jede Strophe wird dreimal gesungen.

In jüdischen Familien wird *Schalom aléjchem* auf eine traditionelle Melodie mit einem besonderen Klang gesungen, der uns in wenigen Augenblicken in die wunderbare Schabbat-Stimmung versetzt.

Éschet chájil (אֵשֶׁת חַיִל 'eine hervorragende Frau')

Es folgt nun das Lied *Éschet chájil*, dessen Text aus den Sprüchen Salomons (*Mischlej* 31:10-31) stammt. Die Anfangsbuchstaben der Zeilen folgen dem hebräischen Alphabet.

Es gibt wohl keinen passenderen Zeitpunkt als den, wenn sie die ganze Familie um den Schabbat-Tisch versammelt, um der Frau des Hauses für ihre Arbeit und Mühe während der vergangenen Woche zu danken. Das schöne Gedicht *Éschet chájil* ist nämlich, wenn man es gemäß dem einfachen Wortsinn und nicht als Allegorie versteht, ein Lobgesang auf die ideale jüdische Frau und Mutter, in dem wir ihre vielen guten Eigenschaften aufzählen und loben: Sie ist eine „tüchtige Frau", wie sie nur schwer zu finden ist; sie kümmert sich um ihren Haushalt, ihren Mann und ihre Kinder; sie unterstützt die Armen und Bedürftigen; sie ist weise und klug; sie ist wohltätig, und vor allem ist sie – und das ist selbstverständlich ihr größtes Verdienst – „eine g"ttesfürchtige Frau".

Das Segnen der Kinder

In vielen Familien ist es üblich, dass die Eltern (oder auch nur der Vater) am Freitagabend jedes ihrer Kinder segnen, weil das eine besondere Zeit ist, in der eine Atmosphäre von Heiligkeit herrscht. Gemäß der jüdischen Überlieferung antworten die Mal'achim darauf mit *Amen*.

Bei dem Segen legen die Eltern dem Kind beide Hände auf den Kopf und sagen zu einem Jungen „G"tt lasse dich werden wie Efrajim und Menasche" und zu einem Mädchen: „G"tt lasse dich werden wie Sara, Riwka, Rachel und Lea". Dann folgt der Priestersegen: „Der Ewige segne dich und behüte dich. Der Ewige lasse dir Sein Angesicht leuchten und sei dir gnädig. Der Ewige wende dir Sein Angesicht zu und gebe dir Frieden."

☞ Man kann für jedes Kind nach Belieben persönliche Segenssprüche hinzufügen.

Wir wünschen den Jungen, dass sie wie Efrajim und Menasche werden sollen, die Söhne von Jossef und Enkel unseres Stammvaters Ja'akow. Obwohl sie in einer fremden Umgebung aufwuchsen, in Ägypten, verhielten sie sich doch wie es sein sollte, besonders und jüdisch. Sie waren vorbildliche Kinder; ihr Vater Jossef und ihr Großvater Ja'akow konnten stolz auf sie sein – und sicher sein, dass sie die jüdische Tradition fortführen würden.
Das Gleiche gilt auch für die Töchter. Man kann kein besseres Beispiel für gute Taten, Heiligkeit und Reinheit finden als die vier Stammmütter des Volkes Israel: Sara, Riwka, Rachel und Lea.

Kiddusch

Auf *Schalom aléjchem* und *Éschet chájil* folgt der Kiddusch.

Wie schon erwähnt, ist es eine von der Tora gegebene Mitzwa, des Schabbats zu gedenken und ihn zu heiligen, wie es heißt: „Gedenke des Schabbat-Tages, ihn zu heiligen!" Unsere Weisen haben festgelegt, dass eine Form des Gedenkens darin besteht, dass wir eine **Beracha über Wein** sprechen – beim Eingang des Schabbats (*Kiddusch*) und bei seinem Ausgang (*Hawdala*).

Im Judentum hat der Wein besondere Bedeutung: Das Land Israel war immer für seine vorzüglichen Weinberge bekannt, und der Wein ist eine der sieben Arten, mit denen das Land Israel gesegnet ist: „ein Land von Weizen und Gerste und **Weinstock** und Feige, …" (*Dewarim* 8:8). Daher spielt der Wein bei vielen Mitzwot eine Hauptrolle, unter anderem bei der Hochzeit, der Beschneidung und eben auch bei den Festmahlzeiten an Schabbat und Feiertagen.

☞ Kiddusch kann man auch mit Traubensaft machen, weil auch darüber die Beracha „…der die Frucht des Weinstocks schafft" gesagt wird.

Wann macht man Kiddusch?

Normalerweise macht man Kiddusch im Anschluss an das Ma'ariwgebet. Das gilt sowohl dann, wenn man mit Ma'ariw bis Nachteinbruch wartet (wie das in Israel üblich ist), als auch dann, wenn man den Schabbat (wie in vielen europäischen Gemeinden im Sommer) schon längere Zeit vor Sonnenuntergang annimmt.

Gemäß der Kabbala sollte man keinen Segensspruch über Wein in der siebten Stunde nach der Tagesmitte sagen, denn dann herrscht der Planet Mars (hebräisch *Ma'adim,* was mit *dam* 'Blut' zusammenhängt). Diejenigen, die den Brauch haben, keinen Kiddusch in der siebten Stunde zu sagen, vermeiden das in Israel in der Winterzeit zwischen 17:40 und 18:40 Uhr, in der Sommerzeit zwischen 18:40 und 19:40 Uhr. Anderswo hält man sich aufgrund anderer astronomischer Gegebenheiten und/oder Berechnungsverfahren an andere Zeiten.

Wer muss Kiddusch machen?

Sowohl Männer als auch Frauen sind zu der Mitzwa verpflichtet, am Schabbat Kiddusch zu machen. Man muss aber die Segenssprüche nicht selbst sagen, sondern es genügt auch, wenn man sie von jemand anderem hört und *Amen* antwortet.

Sind mehrere Personen für die Schabbat-Mahlzeit zusammengekommen, ist es üblich, dass der Herr des Hauses oder einer der Anwesenden laut Kiddusch macht und es den anderen ermöglicht, durch Zuhören ihre Pflicht zu erfüllen. Derjenige, der Kiddusch macht, muss aber dabei die Absicht haben, dass alle Anwesenden durch ihn ihre Pflicht erfüllen, und diese müssen ihrerseits mit der Absicht zuhören, ihre

Pflicht zu erfüllen, und auf die Segenssprüche mit *Amen* antworten.

☞ Jeder Junge ab Bar Mitzwa (13 Jahre) darf Kiddusch machen, und andere können durch ihn ihre Pflicht erfüllen.

Vorbereitungen für den Kiddusch

Vor dem Kiddusch muss der Schabbat-Tisch vorbereitet werden. Man braucht: **Wein** und einen **Kiddusch-Becher**, **zwei** ganze **Challot,** die auf einem Brett liegen und mit einem Deckchen zugedeckt sind, ein **Messer** sowie gegebenenfalls ein zweites Brett zum Schneiden und **Salz**, in das die Challa-Stücke getunkt werden.

☞ Man sollte einen speziellen Becher für den Kiddusch haben. Er darf auch aus Glas sein, aber es ist allgemein üblich, zu Ehren des Schabbats einen Silberbecher zu nehmen.

☞ Vor dem Kiddusch sollte man den Kiddusch-Becher innen und außen abspülen und danach gut abtrocknen.

☞ Der Becher muss mindestens ein Volumen von einem Rewi'it Wein (ca. 86 ml) fassen.

☞ Der Kiddusch sollte in demselben Raum gemacht werden, in dem anschließend die Schabbat-Mahlzeit gegessen wird.

Es ist Brauch, die Challot während des Kidduschs zugedeckt zu lassen, denn der Vers, der die sieben Arten aufzählt, mit denen das Land Israel gesegnet ist, nennt den Weizen

vor dem Weinstock („Land von **Weizen** und Gerste und **Weinstock** und Feige und Granatapfel ...“, *Dewarim* 8:8), sodass wir eigentlich zuerst die Beracha über die Challot sagen müssten; um sie durch die Bevorzugung des Weins nicht zu „beleidigen“, decken wir sie zu.
Es ist auch Brauch, die Challot nicht nur zu bedecken, sondern auch etwas darunter zu legen. Das ist eine Erinnerung an das *Man* (Manna), die besondere und wundersame Speise, die für das Volk Israel auf seiner Wanderung durch die Wüste vom Himmel fiel. Dabei bedeckte zuerst eine Schicht Tau den Boden, dann fiel das Man darauf, und schließlich wurde es von einer weiteren Schicht Tau bedeckt.

Der Ablauf des Kidduschs

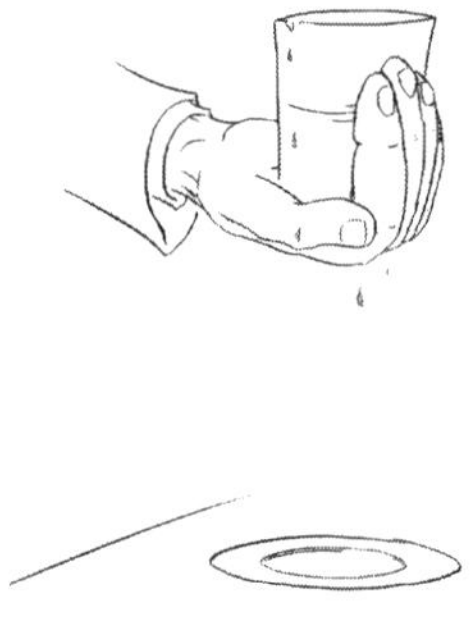

Derjenige, der Kiddusch macht, beginnt mit: „Ein Psalm von David: Der Ewige ist mein Hirte, mir wird es an nichts fehlen“ (*Tehillim* 23:1). Darauf folgt ein kurzes Zitat aus dem Buch *Sohar*: „Das ist **das** Mahl“ – das weist darauf hin, dass die Schabbat-Mahlzeit sehr heilig ist und erhabene Geheimnisse in sich birgt.

☞ Der Becher wird randvoll mit Wein gefüllt.

☞ Während dem Kiddusch stehen alle Anwesenden.

☞ Derjenige, der Kiddusch macht, hebt den Becher mit der rechten Hand auf und gibt ihn in die linke. Dann stellt er ihn mit der linken Hand in die rechte Handfläche; dabei sind die vier Finger nach oben gerichtet, sodass sie den Becher umgeben und ihn sozusagen verbergen, während der Daumen an der Seite liegt. Der Becher wird mindestens drei Handbreiten (ca. 25 Zentimeter) über dem Tisch gehalten (siehe Zeichnung).

☞ Bei den ersten Worten des Kidduschs schaut man die brennenden Schabbat-Lichter an.

Der Kiddusch beginnt einem Zitat aus dem Schluss der Schöpfungsgeschichte: „Der sechste Tag. Da waren vollendet der Himmel, die Erde und ihr ganzes Heer …“ (*Bereschit* 1:31-2:1). Die Tora betont hier, dass der Schöpfer am siebten Tag von seiner Arbeit ruhte, ihn segnete und ihn gegenüber den anderen Wochentagen heiligte. Im Hebräischen bilden die Anfangsbuchstaben der ersten vier Wörter den Namen G"ttes.

Vor dem Segensspruch *boreh peri ha-gáfen* (בּוֹרֵא פְּרִי הַגָּפֶן ‘der die Frucht des Weinstocks schafft’) sagt derjenige, der Kiddusch macht, auf Aramäisch: *Sawri maranan* (סַבְרִי מָרָנָן ‘hört zu, meine Herren!’). Das ist eine Aufforderung, zuzuhören und daran zu denken, dass man die Pflicht zum Kiddusch erfüllen möchte. In sefardischen Gemeinden wird darauf mit *le-chajim* ‘zum Leben’ geantwortet.

☞ Beim Segensspruch über den Wein sollte derjenige, der Kiddusch macht, den Wein im Kiddusch-Becher anschauen; nachdem er den Segensspruch beendet hat, antworten alle Zuhörer mit *Amen.*

Dann fährt man mit dem besonderen Segensspruch über die Heiligkeit des Schabbats fort: „Gesegnet seist Du …, der uns durch Seine Gebote geheiligt hat …; denn uns hast Du erwählt und uns von allen Völkern geheiligt …“.

Mit diesem Segensspruch erinnern wir uns daran, dass der Ewige uns aus allen Völkern erwählt und uns den Schabbat geschenkt hat, damit wir uns ständig daran erinnern, dass Er die Welt geschaffen hat.
Wir fügen hinzu, dass der Schabbat der erste und wichtigste unserer Feiertage ist. Er dient uns auch als ständige Erinnerung an das Wunder des Auszugs aus Ägypten, das die Einleitung zu all den Mitzwot bildete, die wir später in der Wüste und bei der Offenbarung am Berg Sinaj bekamen.

☞ Nachdem derjenige, der Kiddusch macht, den Segensspruch „Gesegnet seist Du, Ewiger, der den Schabbat heiligt“ beendet hat, antworten die Zuhörer *Amen.*

Der Text für den Kiddusch steht in den meisten Gebetbüchern (*Siddurim*) und in Heften mit dem Tischgebet (*Benschern* oder *Birkonim*), die auch die Texte für die Schabbat-Mahlzeiten enthalten.

Derjenige, der Kiddusch gemacht hat, setzt sich nun und trinkt den größten Teil eines Rewi’it von dem Wein (oder

Traubensaft) im Becher. Anschließend kann er den Becher auffüllen und den anderen Anwesenden davon geben, damit jeder Zuhörer auch selbst von dem Wein trinkt.

☞ Man sagt keine Nach-Beracha (*Beracha acharona*) über den Wein, weil der Kiddusch als Teil der Mahlzeit gilt, die mit dem Tischgebet (*Birkat ha-mason*) abgeschlossen wird; es gilt für alles, was während der Mahlzeit gegessen oder getrunken wurde, einschließlich dem Kiddusch-Wein.

Kiddusch über Challa

Wenn man weder Wein noch Traubensaft hat, kann man auch über zwei Challot Kiddusch machen.

In diesem Fall erfolgt das Händewaschen für die Mahlzeit (*Netilat jadájim*) vor dem Kiddusch. Dann sagt man, während man beide Challot in den Händen hält, stehend den üblichen Kiddusch, wobei man den Segensspruch *boreh peri ha-gáfen* (בּוֹרֵא פְּרִי הַגָּפֶן 'der die Frucht des Weinstocks schafft') durch *ha-motzi léchem min ha-áretz* (הַמּוֹצִיא לֶחֶם מִן הָאָרֶץ 'der Brot aus der Erde hervorbringt') ersetzt. Dann fährt man wie gewohnt bis *mekaddesch ha-schabbat* (מְקַדֵּשׁ הַשַּׁבָּת 'der den Schabbat heiligt') fort, schneidet die Challa an, isst ein olivengroßes Stück (*ke-Sájit*) davon und beginnt die Mahlzeit.

Die Schabbat-Mahlzeit

Es ist eine Mitzwa, am Schabbat drei Mahlzeiten zu essen. Die erste Mahlzeit findet am Freitagabend statt, die zweite am Tag (nach dem Schacharit- und Mussaf-Gebet) und die dritte am Nachmittag oder frühen Abend (nach dem Mincha-Gebet).

Als Minimum einer „Mahlzeit“ gilt ein olivengroßes Stück (*ke-Sájit*, zusammengedrückt gemessen ungefähr 28 cm^3) eines Produkts aus den fünf Getreidearten Weizen, Gerste, Dinkel, Roggen oder Hafer.

☞ Die Schabbat-Mahlzeit sollte man sofort nach dem Kiddusch beginnen und an demselben Ort, an dem er gemacht wurde.

Netilat Jadájim (Händewaschen)

Wie immer, wenn man Brot ist, muss man sich vor der Mahlzeit zuerst auf folgende Weise die Hände waschen:

☞ Man prüft, ob die Hände trocken und sauber sind.

☞ Man nimmt das Gefäß in die rechte Hand und füllt es mit Wasser.

☞ Man nimmt das Gefäß in die linke Hand und gießt damit dreimal Wasser über die rechte Hand; dann nimmt man das Gefäß wieder in die rechte Hand und gießt dreimal Wasser über die linke Hand.

☞ Anschließend sagt man den Segensspruch „Gesegnet seist Du, Ewiger … der uns durch Seine Gebote geheiligt und uns befohlen hat, die Hände zu waschen“ und trocknet die Hände gut ab.

☞ Danach spricht man nicht, bis die Beracha *ha-motzi léchem min ha-áretz* (הַמּוֹצִיא לֶחֶם מִן הָאָרֶץ ‘der Brot aus der Erde hervorbringt’) gesagt und ein ke-Sajit gegessen wurde.

Léchem mischneh (zwei Brote)

Bei jeder Schabbat-Mahlzeit sagt man *ha-motzi* über zwei ganze Brotlaibe, zur Erinnerung an das Man, das für das Volk Israel auf der Wüstenwanderung freitags in doppelter Menge vom Himmel fiel – eine Portion für Freitag, die zweite für Schabbat. Die Bezeichnung *Léchem mischneh* ‘doppeltes Brot’ bezieht sich eigentlich auf das zusätzliche Brot für Schabbat, wird aber meist für die beiden Brote zusammen verwendet.

Für Lechem mischneh kann man Brot, Challa, Brötchen, Pitta (Fladenbrot) und dergleichen nehmen, solange das Gebäck ganz ist (also weder abgerissen noch geschnitten wurde) und die Beracha *ha-motzi* erfordert.

☞ Man kann allen Teilnehmern an der Mahlzeit ihr eigenes Lechem mischneh geben, aber es genügt, wenn der Hausherr die Beracha über zwei Brote sagt, denn damit haben alle ihre Pflicht erfüllt.

Das Anschneiden der Challa

☞ Vor der Beracha *ha-motzi* führt man das Messer leicht über die Challa (ohne sie einzuschneiden), um die Stelle zu markieren, an der man sie anschneiden will.

☞ Der Hausherr nimmt die beiden Challot in beide Hände, wobei er die Challa, die er zuerst anschneiden möchte, auf der rechten Seite hält, etwas tiefer als die auf der linken Seite.

☞ Während er die Challot hält, sagt er die Vor-Beracha für Brot, *ha-motzi léchem min ha-áretz* (הַמּוֹצִיא לֶחֶם מִן הָאָרֶץ 'der Brot aus der Erde hervorbringt'). Alle Anwesenden antworten darauf mit *Amen*, sagen die Beracha aber (noch) nicht selbst.

☞ Dann legt der Hausherr die linke Challa beiseite und schneidet die rechte an der gekennzeichneten Stelle an.

☞ Da der Hausherr schon die Beracha gesagt hat und man möglichst sofort nach der Beracha essen sollte, schneidet er zuerst für sich ein Stück Challa ab, tunkt es dreimal in Salz und isst es; danach schneidet er die Challa für die übrigen Anwesenden weiter auf.

☞ Die Challa sollte den Anwesenden auf würdige Weise gegeben werden; man wirft die Stücke also nicht einfach auf den Tisch.

☞ Wenn man jemandem ein Stück Challa gibt, legt man es vor ihn auf den Tisch und gibt es ihm nicht direkt in die Hand, denn so reicht man Essen nur jemandem, der über einen nahen Verwandten trauert.

☞ Jeder, der ein Stück Challa bekommen hat, sagt nun, sofern er sich nicht auf die Beracha des Hausherrn stützt, selbst *ha-motzi* und isst ein ke-Sajit.

Schabbat in der Küche

Alle Küchengeräte, die für am Schabbat verbotene Arbeiten bestimmt sind, sind mukzeh (siehe Seite 35) und dürfen am Schabbat nicht benutzt oder bewegt werden. Dazu zählen: Pfannen, Backpapier, elektrische Kocher, Saftpressen, Reiben und dergleichen.

Kochen und Aufwärmen

- Am Schabbat darf man eine Flamme weder anzünden noch auslöschen und weder vergrößern noch verkleinern (z.B. beim Gasherd).
- Streichhölzer und Feuerzeug sind mukzeh.
- Man darf keine Speisen kochen, backen, braten oder grillen, weder auf dem Feuer noch auf einer anderen Hitzequelle (auch einer Wärmeplatte für Schabbat).
- Man darf keine Speisen auf das Feuer oder direkt auf die Schabbat-Platte stellen, auch nicht für sehr kurze Zeit und auch nicht, wenn sie schon vor Schabbat gekocht wurden.
- Eine **trockene** Speise (ohne jede Flüssigkeit), die schon vor Schabbat genügend **gekocht** wurde, darf man auf einen Topf stellen, der auf dem Feuer (oder auf der Schabbat-Platte) steht.
- Man darf den Warmwasserhahn nicht aufdrehen, denn

wenn warmes Wasser herausgeflossen ist, fließt kaltes Wasser in den Boiler (oder die Solaranlage) nach und wird rasch aufgeheizt. Bei einer elektrischen Anlage würde man außerdem das Verbot übertreten, sie zu aktivieren.

☞ Bei einem Einhebelmischer muss man deshalb darauf achten, dass er ganz auf die kalte Seite (nach rechts) gestellt ist. Schon bei einer leichten Abweichung von dieser Stellung fließt warmes Wasser aus dem Boiler und wird durch kaltes ersetzt, das dann aufgeheizt wird.

Zubereitung von Essen

- Gurken, Äpfel und andere Früchte und Gemüse mit essbarer Schale darf man sogar mithilfe eines **Sparschälers** schälen. Zwiebeln, Orangen und andere Früchte und Gemüse, die man nicht mit der Schale isst, darf man nur mit einem **Messer** schälen.
- Obst und Gemüse darf man weder auf einer Reibe reiben noch mit einem Gemüsehacker zerkleinern. Man darf es auch nicht in sehr kleine Stücke schneiden (z.B. für einen Gemüsesalat), wohl aber in etwas größere.
- Früchte und Gemüse darf man nicht in eine Flüssigkeit oder in ein leeres Gefäß auspressen, sondern nur auf eine feste Speise (z.B. Salat oder Fisch), und auch dann nur von Hand, nicht mit einer mechanischen Zitronenpresse und dergleichen.
- Man darf Eis nicht zerkleinern, damit es zu Wasser wird,

aber man darf Eiswürfel in Wasser oder andere Getränke geben.

Verpackungen

- Das Öffnen von Tüten, Kartons und anderen Verpackungen kann mit diversen verbotenen Melachot verbunden sein (siehe Seite 24ff). Deshalb empfiehlt es sich, Verpackungen vor Schabbat zu öffnen.

- Wenn man Verpackungen am Schabbat öffnen muss, muss man darauf achten, sie nicht an der vorgesehenen Stelle (z.B. Perforation) zu öffnen und keine Buchstaben oder Bilder zu zerreißen.

- Eine Konservendose wird erst nach dem Öffnen zu einem verwendbaren Gefäß, und die Herstellung von Gefäßen ist am Schabbat nicht erlaubt. Hat man die Dose nicht schon vor dem Schabbat geöffnet, kann man sie aber unbrauchbar machen, indem man in die Dosenunterseite ein Loch macht und die Dose dann oben öffnet. Danach leert man den Inhalt sofort und verwendet die Dose nicht mehr.

- Es gibt verschiedene Meinungen zu der Frage, ob man Flaschenverschlüsse öffnen darf – fragen Sie Ihren Rabbiner. Dagegen kann man ohne Bedenken einen Korkenzieher oder einen Flaschenöffner für Kronkorken verwenden, um Wein- bzw. Bierflaschen usw. zu öffnen.

Tisch decken

- Man darf Tischdecken aus Plastik, Papier o.ä. nicht zuschneiden.
- Man darf Servietten normal falten, aber nicht in besondere Formen.
- Man darf einen Haufen von Besteck nicht nach Messern, Gabeln usw. sortieren. Man darf aber die gewünschten Teile herausnehmen, wenn sie sogleich für die Mahlzeit benötigt werden.

Während der Mahlzeit

- Beim Singen von Schabbat-Liedern und -Melodien darf man rhytmisch in die Hände klatschen, nicht jedoch, um einem Sprecher zu applaudieren oder Ähnliches.
- Man darf am Schabbat Abfall wie Gräten, Kerne, faule Stellen usw. nicht aus dem Essen herausnehmen – es sei denn, man nimmt zugleich etwas vom Essbaren weg.
- Ebenso darf man aus dem Essen nicht etwas aussortieren, was man nicht mag (z.B. Zwiebeln aus dem Gemüsesalat), sondern man isst das Erwünschte und lässt das Unerwünschte liegen.

Der Ablauf der Mahlzeit

Es ist eine Mitzwa, durch feine Speisen und gute Getränke den Schabbat zu ehren und ihn zu genießen. Insbesondere serviert man großzügig Fisch, Fleisch und Wein.

☞ Bei einer Mahlzeit mit Brot brauchen die meisten Speisen und Getränke keine eigene Vor-Beracha. Wein ist jedoch eine Ausnahme. Wer während der Mahlzeit Wein trinken möchte, muss also die Beracha *boreh peri ha-gáfen* (בּוֹרֵא פְּרִי הַגָּפֶן 'der die Frucht des Weinstocks schafft') sagen – es sei denn, er hat Kiddusch gemacht oder gehört. Dann gilt die Beracha über den Kiddusch-Wein auch für den Wein bei der Mahlzeit.

Es ist üblich, während der Schabbat-Mahlzeit besondere Lieder für Schabbat (*Semirot*) und Melodien ohne Worte (*Niggunim*) zu singen. Sie sprechen von der Heiligkeit des Schabbats, loben G"tt dafür, dass Er dem Volk Israel den Schabbat gegeben hat, und betonen den Glauben an Ihn als den Schöpfer der Welt, der am siebten Tag von Seinem Werk „ruhte". Diese Gesänge wurden von großen Tora-Gelehrten und Kabbalisten verfasst, unter anderem vom Arisal, Rabbi Jitzchak Luria, einem der größten Kabbalisten, der im 16. Jahrhundert in Zefat (Safed) lebte. Seine Semirot befassen sich mit den verborgenen Seiten des Schabbats und erlauben einen Blick „hinter die Kulissen" dieses heiligen und erhabenen Tages; sie sind auf Aramäisch geschrieben und enthalten viele kabbalistische Begriffe. Vom Arisal stammt unter anderem *Asammer bi-sch'wachin* (אֲזַמֵּר בִּשְׁבָחִין 'mit Lobliedern will ich vertreiben'), was man gerne am Freitagabend singt.

Während der Mahlzeit dreht sich das Gespräch um die Parascha, den Wochenabschnitt der Tora, der am Schabbatmorgen in der Synagoge vorgelesen wird. Man kann die Schabbat-Mahlzeiten auch dazu nutzen, seine halachischen Kenntnisse zu erweitern oder etwas aus anderen Gebieten der Tora zu lernen.

Das erhebende Erlebnis der Schabbat-Mahlzeit ist tief in unser jüdisches Herz eingeprägt. Dass sich dazu alle Familienangehörigen einfinden, zusammen am Tisch sitzen, miteinander sprechen, singen und fröhlich sind, schafft schon eine besondere Atmosphäre. Darüber hinaus haben diese Mahlzeiten die Kraft, uns sozusagen ein wenig vom Boden abzuheben und uns einen Vorgeschmack von Heiligkeit und geistiger Erhebung zu geben. Zudem sind sie eine Quelle von Licht und frischer Lebenskraft für die Tage der kommenden Woche.

Nachspeisen

- Die Kerne von Melonen darf man entfernen, damit man an das Fruchtfleisch gelangen kann – aber nur, wenn die Früchte sofort gegessen werden.
- Die Kerne von Steinobst (Aprikose, Pflaume, Pfirsich usw.) darf man von Hand entfernen, wenn noch etwas Fruchtfleisch mitkommt; sonst sollte man die Frucht vom Stein nehmen oder ihn herausfallen lassen. Mit den Steinen darf man allerdings nicht spielen oder sie für andere Zwecke verwenden.
- Nach Chabad-Brauch vermeidet man es, Kerne oder Nüsse mit harten Schalen zu knacken (z.B. Sonnenblumenkerne, Pistazien, Walnüsse usw.).

- Beim Öffnen der Verpackung von Eis am Stiel und dergleichen muss man, wie schon erwähnt, darauf achten, keine Schrift zu zerreißen.

☞ Nachspeisen wie Früchte oder Eiscreme erfordern eine eigene Vor-Beracha (*boreh peri ha-etz* über Baumfrüchte, *boreh peri ha-adama* über Erdfrüchte oder *sche-ha-kol* über Eiscreme usw.), weil sie nicht als Teil der Mahlzeit gelten und deshalb nicht durch das einleitende *ha-motzi* abgedeckt sind. Weitere Einzelheiten zu den verschiedenen Segenssprüchen werden Sie in dem geplanten Band *Judentum für Einsteiger – Der jüdische Alltag* finden.

Birkat ha-Mason (Tischgebet)

Eine ausführlichere Erörterung des Tischgebets ist für den Band *Judentum für Einsteiger – Der jüdische Alltag* vorgesehen.

Es ist üblich, am Schabbat vor dem Tischgebet zwei Psalmen zu sagen: *Schir ha-ma'alot* (שִׁיר הַמַּעֲלוֹת 'ein Stufenlied', *Tehillim* 126) und *Li-w'nej Korach* (לִבְנֵי קֹרַח 'von den Söhnen Korachs', *Tehillim* 87) – zusätzlich zu dem Abschnitt *Awarecha et HASCHEM* (אֲבָרְכָה אֶת ה' 'loben will ich den Ewigen'), den man jeden Tag sagt.

Es ist Brauch, sich die Fingerspitzen mit Wasser aus einem kleinen Gefäß zu übergießen und sich mit den feuchten Fingern den Mund zu wischen. Das bezeichnet man als *Majim acharonim* ‘letztes Wasser’ im Gegensatz zum Waschen vor der Mahlzeit.

☞ Sind bei der Mahlzeit drei Männer ab Bar-Mitzwa-Alter (13 Jahre) anwesend, sagt man vor dem Tischgebet eine Einladung dazu, den *Simmun*.

☞ Den Text des Tischgebets, mit dem wir G”tt für das gute Essen danken, findet man in einem Gebetbuch (*Siddur*) oder einem besonderen Heft, das man auf Hebräisch *Birkon* und auf Jiddisch *Benscher* nennt.

☞ Am Schabbat werden zwei zusätzliche Abschnitte in das Tischgebet eingeschoben:

Retzeh we-hachalitzénu (רְצֵה וְהַחֲלִיצֵנוּ ‘möge es Dir gefallen, uns zu stärken’) in der dritten Beracha;

2. *Ha-rachaman hu janchilénu* (הָרַחֲמָן הוּא יַנְחִילֵנוּ ‘der Barmherzige, Er lasse uns zuteil werden’) gegen Ende.

Nach der Mahlzeit

- Das Tablett mit den Kerzen darf man nicht bewegen, solange sie brennen. Wurde jedoch schon am Freitag etwas auf das Tablett gelegt, was nicht mukzeh ist (z.B. ein Gebetbuch), so kann man es wegstellen, nachdem die Kerzen abgebrannt sind.
- Eine Vase mit Blumen ist nicht mukzeh, und man kann sie bewegen; das gilt jedoch nicht für Topfpflanzen.
- Die Tischdecke darf man nicht genau wie zuvor falten, aber etwas weniger sorgfältig zusammenlegen.
- Wenn Wasser auf dem Tisch verschüttet wurde, kann

man saugfähige Papiertücher oder Lappen darauflegen, muss aber darauf achten, sie nicht auszudrücken. Danach kann man das Papiertuch oder den Lappen vom Tisch nehmen.

- Den Boden darf man nicht mit Wasser wischen, aber mit einem Besen fegen.

Geschirr spülen

- Man darf Geschirr spülen, das man im Laufe des Schabbats wieder braucht. So kann man am Freitagabend das Geschirr für die Mahlzeit am Tag spülen. Das Geschirr von der letzten Schabbat-Mahlzeit darf man dagegen nicht spülen, sondern wartet damit bis nach Schabbat-Ausgang.
- Beim Geschirrspülen benutzt man keinen Lappen, Schwamm o.ä., den man dabei ausdrücken würde. Es gibt besondere Kunststoffbürsten, die man am Schabbat verwenden darf.
- Man verwendet keine festen Seifen oder Reinigungsgels, sondern nur flüssige Seifen und Spülmittel.
- Beim Abtrocknen muss man darauf achten, dass man nicht Wasser aus dem Geschirrtuch ausdrückt.

Schabbat Schalom

Bevor man zu Bett geht, sagt man das Nachtgebet (*Keri'at schema al ha-mitta*) in abgekürzter Form. Man beginnt mit der ersten Hälfte von *Haschkiwénu awínu le-schalom* (הַשְׁכִּיבֵנוּ אָבִינוּ לְשָׁלוֹם 'unser Vater, vergönne es uns, uns in

Frieden niederzulegen') und fährt mit den drei Abschnitten des *Schema Jissra'el* (שְׁמַע יִשְׂרָאֵל 'höre, Israel') fort, gefolgt von *Ja'lesu chassidim* (יַעְלְזוּ חֲסִידִים 'die Frommen werden jubeln') und *Joschew be-séter eljon* (יֹשֵׁב בְּסֵתֶר עֶלְיוֹן 'der du im Schutz des Allerhöchsten weilst'). Die Abschnitte aus dem *Tachanun* werden übersprungen; dann folgen *Anna bechóach gedullat jemincha* (אָנָּא בְּכֹחַ גְּדֻלַּת יְמִינְךָ 'bitte, mit der Kraft'), *Schir la-ma'alot, essa ejnaj el he-harim* (שִׁיר לַמַּעֲלוֹת אֶשָּׂא עֵינַי אֶל הֶהָרִים 'ein Stufenlied: ich erhebe meine Augen zu den Bergen') und der Rest des Gebets.

Zähneputzen und Waschen

- Am Schabbat darf man die Zähne nicht wie gewohnt mit Zahnpasta und Zahnbürste putzen, aber man kann den Mund mit einem Mundwasser und Ähnlichem ausspülen.
- Man darf sich nicht mit Wasser waschen, das jemand an Schabbat erwärmt hat.
- Man darf keine feste Seife verwenden, sondern nur flüssige.
- Man darf keinen Schwamm oder Waschlappen benutzen.
- Es ist verboten, sich die Haare zu schneiden, sich zu rasieren oder sich die Fingernägel zu schneiden.

Am Freitagabend wünscht man sich *Schabbat Schalom* und nicht *gute Nacht* wie wochentags, weil der Schabbat ein besonderes spirituelles Licht ausstrahlt – und da gibt es keinen Platz für „Nacht", Dunkelheit oder Finsternis.

Es ist eine Mitzwa, zu Ehren des Schabbats etwas länger als gewöhnlich zu schlafen. Darauf verweist der Name *Schabbat* selbst, der aus den Anfangsbuchstaben von ***sch**ena* ***b**e-schabbat* ***t**a'anug* (שֵׁינָה בְּשַׁבָּת תַּעֲנוּג 'Schlaf am Schabbat ist ein Wonne') besteht.

Der Schabbat-Morgen

Nach dem Aufwachen sagen wir *Modeh ani* 'ich danke Dir', waschen uns die Hände (*Netilat Jadájim*, jiddisch *Negelwasser*), spülen den Mund aus und gehen auf die Toilette. Nach dem Anziehen waschen wir uns noch einmal die Hände für das Gebet und sagen die Morgen-Berachot. Eine eingehende Beschreibung dieser Schritte findet man in dem geplanten Band *Judentum für Einsteiger – Der jüdische Alltag*.

Da man am Schabbat üblicherweise etwas länger schläft, beginnt das Morgengebet (*Schacharit*) in der Synagoge auch etwas später. Man muss aber darauf achten, den letzten Zeitpunkt für *Schema Jissra'el* und für die Amida nicht zu verpassen; möglicherweise muss man deshalb schon in den Morgen-Berachot das ganze *Schema Jissra'el* sagen. Die genauen Zeiten findet man im örtlich jüdischen Kalender (*Lúach*); man kann sie auch vor Schabbat im Internet oder mithilfe einer App für das Smartphone ermitteln (vgl. Seite 60).

Essen und Trinken vor dem Morgengebet

Man soll bis zum Ende des Gebets nichts essen oder trinken außer Wasser (oder Wasser mit Geschmack wie Tee oder Kaffee). Jemand, der krank oder schwach ist, oder jemand, der sonst nicht mit der erforderlichen Konzentration beten kann, darf jedoch vor dem Gebet ein beliebiges Getränk trinken und ein Stück Kuchen, eine Frucht oder etwas anderes essen, worüber man nicht die Beracha *ha-motzi léchem min ha-áretz* (הַמּוֹצִיא לֶחֶם מִן הָאָרֶץ 'der Brot aus der Erde hervorbringt'), sagt.

Es ist besser, „zu essen, um zu beten", als „zu beten, um zu essen".

Wie bereitet man am Schabbat Tee oder Kaffee zu?

Die Zubereitung heißer Getränke am Schabbat ist etwas kompliziert – hauptsächlich, weil wir befürchten, dass heißes Wasser, das man in eine Tasse gießt, ihren Inhalt (beispielsweise Teeblätter oder Kaffe) kocht. Eine erlaubte Methode ist es, **zwei Tassen** zu verwenden:

☞ Man nimmt eine Tasse, die innen völlig trocken ist.

☞ Dann gießt man heißes Wasser aus dem Heißwasserbereiter oder aus einem Topf auf der Schabbat-Platte in diese Tasse.

☞ In eine zweite Tasse gibt man Instant-Kaffee, -Tee oder -Kakao sowie Zucker.

☞ Jetzt gießt man das Wasser aus der ersten Tasse in die zweite (nach dem Heißwasserbereiter und der ersten Tasse also das dritte Gefäß, *Keli Schelischi*). Dann ist es nicht mehr heiß genug, um deren Inhalt zu kochen. Diese Methode kann man auch bei einer Tee-Essenz anwenden, die man vor Schabbat hergestellt und auf der Schabbat-Platte warmgehalten hat. Ein Teebeutel kann auch auf diese Weise benutzt werden.

☞ Nun kann man nach Bedarf Milch hinzufügen.

- In die Tasse mit Tee (oder einem anderen Getränk) darf man keine Zitrone auspressen.
- Um nicht verbotenerweise das Unerwünschte aus dem Erwünschten auszusortieren, nimmt man einen Teebeutel am besten mit einem Löffel heraus, zusammen mit etwas Tee, oder man gießt den Tee vorsichtig um und lässt den Teebeutel mit etwas Tee in der Tasse.

Schacharit (Morgengebet)

Vorbereitung auf das Gebet

Für das Morgengebet bereitet man sich angemessen vor: Man geht auf die Toilette, zieht sich für den Schabbat passend (jiddisch *schabbesdik*) an, wäscht sich die Hände und lernt möglichst etwas aus der „Tiefe der Tora".

Chassidim haben den Brauch, morgens vor dem Gebet in die Mikweh zu gehen. Beim Abtrocknen nimmt man das Wasser in den Haaren vorsichtig mit dem Handtuch auf und achtet darauf, es nicht auszudrücken.

Abfolge des Gebets

Der Ablauf des Gebets folgt grundsätzlich dem an Wochentagen. Am Schabbat ist das Gebet jedoch länger, weil man danach nicht zur Arbeit eilen oder sich mit anderen irdischen Dingen befassen muss. Am Schabbat haben wir das Privileg, länger in der Synagoge bleiben zu können, uns in in geistige Dinge zu vertiefen und uns über die alltägliche Routine zu erheben.

In dem Band *Judentum für Einsteiger – Synagoge und Gebet* wird dargelegt, wie wichtig das Gebet ist, weil es dazu dient, eine Verbindung zum Schöpfer herzustellen, und uns die Möglichkeit bietet, sich mit Ihm zu verbinden. Eine noch viel größere Bedeutung hat das Gebet am Schabbat, der ganz auf geistige Erhebung und auf Verbindung mit dem Schöpfer der Welt ausgerichtet ist.
Die Teile des Schabbat-Gebets, die mit dem täglichen Gebet übereinstimmen, werden hier nicht erklärt, denn die Bedeutung aller Abschnitte, die wir wochentags sagen, ist bereits in dem genannten Band erläutert worden (Seite 63-166). Es empfiehlt sich daher, auch dort nachzuschlagen.

☞ Am Schabbat trägt man **keine Tefillin**, aber verheiratete Männer legen vor dem Gebet den *Tallit* an.

Das Gebet beginnt mit der gewohnten Einführung, von *Haréjni mekabbel alaj* (הֲרֵינִי מְקַבֵּל עָלַי ‘ich nehme hiermit auf mich’), *Ma tówu ohalécha* (מַה–טֹּבוּ אֹהָלֶיךָ ‘wie gut sind deine Zelte’) und *Adon olam* (אֲדוֹן עוֹלָם ‘Herr der Welt’) bis zu den Abschnitten über die Opfer (*Korbanot*). Dann sagt der Vorbeter das ganze Kaddisch und beginnt das gemeinschaftliche Gebet mit *Hodu LASCHEM, kir'u wi-sch'mo* (הוֹדוּ לַה' קִרְאוּ בִשְׁמוֹ ‘danket dem Ewigen, verkündet Seinen Namen’). Nach *Mismor schir chanukkat ha-bájit le-David* (מִזְמוֹר שִׁיר–חֲנֻכַּת הַבַּיִת לְדָוִד ‘ein Psalm, ein Lied bei der Einweihung des Tempels, von David’) usw. haben unsere Weisen eine Reihe von inspirierenden Psalmen eingefügt, die das Gebet am Schabbat von dem an Wochentagen unterscheiden. So wie wir zu Ehren des Schabbats besondere

Kleider tragen, ehren wir ihn auch durch ein längeres und tieferes Gebet. Diese zwölf Kapitel *Tehillim* seien hier kurz erläutert:

- ***La-m'natzéach mismor le-David*** (לַמְנַצֵּחַ מִזְמוֹר לְדָוִד 'dem Sangmeister, ein Lied von David', *Tehillim* 19): Der erste Teil spricht davon, dass die Schöpfung allein dadurch, dass sie in all ihrer Pracht existiert, uns von der Ehre und Größe G"ttes „erzählt".

Im zweiten Teil heißt es, dass die Tora „die Seele erquickt" und dass die Mitzwot „das Herz erfreuen". Zum Schluss bitten wir um Vergebung für all die Fehler, die wir absichtlich oder unabsichtlich gemacht haben, und beten dafür, dass wir rechtschaffen und frei von Sünde sein mögen.

- ***Rannenu zaddikim BASCHEM*** (רַנְּנוּ צאדִּיקִם בַּה' 'singt fröhlich dem Ewigen, ihr Gerechten', *Tehillim* 33): Dieser Psalm lobt den Schöpfer der Welt und dankt Ihm dafür, dass Er die wunderbare Welt erschaffen hat, in der wir leben, und ihr in Seiner Güte auch weiterhin jeden Augenblick neues Leben „einhaucht".

Wir danken G"tt dafür, dass Er uns unter allen Völkern auserwählt hat, und erinnern daran, dass der Schöpfer über jedes Seiner Geschöpfe wacht, für es sorgt und seine Bedürfnisse erfüllt.

- ***Le-David, be-schannoto et ta'mo lifnej Awimélech*** (לְדָוִד בְּשַׁנּוֹתוֹ אֶת–טַעְמוֹ לִפְנֵי אֲבִימֶלֶךְ 'von David, als er seinen Verstand vor Awimelech verstellte', *Tehillim* 34): Diesen Psalm schrieb König David nachdem er vor Awimelech, dem König der Pelischtim, der ihn töten wollte, so getan hatte, als sei er verrückt. Tatsächlich erkannte Awimelech nicht, dass der „Verrückte" König David war, und so wurde David vor dem Tod gerettet.

In diesem Psalm, in dem die Anfangsbuchstaben der Verse dem hebräischen Alphabet folgen, dankt David dem Ewigen und lobt Ihn dafür, dass Er ihm die Weisheit gab, so zu handeln. Dann erklärt uns König David, dass sich wahre G"ttesfurcht in gegenseitiger Achtung unter den Menschen zeigt. Dazu gehört vor allem, nichts Schlechtes über andere zu erzählen (*Laschon ha-Ra*) und keine Bemerkungen anderer weiterzutragen (*Rechilut*). Allgemein sollte sich jeder Mensch „von Bösem fernhalten" und „Gutes tun".

Am Ende ermahnt uns David zu besonderen Anstrengungen, um in unserem persönlichen Leben und unserem Verhältnis zu anderen Menschen Frieden und Harmonie zu schaffen: „Suche den Frieden und jage ihm nach!"

- ***Tefilla le-Mosche, isch ha-Elokim*** (תְּפִילָּה לְמֹשֶׁה אִישׁ הָאֱלֹקִים 'ein Gebet von Mosche, dem Mann G"ttes', *Tehillim* 90): Dieser Psalm wurde gemäß unserer Tradition von unserem Lehrer Mosche verfasst, und sein zentrales Thema ist Umkehr (*Teschuwa*), das Bereuen von Verfehlungen. Eine der Eigenschaften des Schabbats ist es, den Menschen auf eine höhere geistige Stufe zu heben und ihn G"tt näher zu bringen, und so ist es auch bei der Teschuwa. Abgesehen davon, dass sie Verfehlungen wiedergutmacht, erhebt sie den Menschen und bringt ihn zu einer engeren und stärkeren Bindung mit dem Schöpfer. Schabbat und Teschuwa streben also das gleiche Ziel an, und das wird auch in den beiden Wörtern *Schabbat* und *Teschuwa* angedeutet. Im Hebräischen enthalten sie nämlich die selben drei Konsonanten ש (*sch*), ב (*b/w*) und ת (*t*), nur in unterschiedlicher Reihenfolge: שַׁבָּת *Schabbat* und תְּשׁוּבָה *Teschuwa*.

- ***Joschew be-séter eljon*** (יֹשֵׁב בְּסֵתֶר עֶלְיוֹן 'du, der du im Schutz des Allerhöchsten weilst', *Tehillim* 91): In diesem Psalm beschreibt David seinen starken Glauben an den Schöpfer der Welt, der ihn vor allen schlimmen Geschehnissen und aller Not schützt und ihn daraus errettet. Der Inhalt dieses Psalms passt auch auf Zeiten und Ereignisse, in denen ein Jude sich im Exil oder einer anderen Bedrängnis befindet; dann sollte er sich daran erinnern, sein Vertrauen in G"tt zu setzen, zu Ihm zu beten und auf Seine Hilfe zu hoffen.
- ***Mismor, schíru LASCHEM schir chadasch*** (מִזְמוֹר שִׁירוּ לה׳ שִׁיר חָדָשׁ 'ein Psalm: singet dem Ewigen ein neues Lied', *Tehillim* 98): Dieser Psalm spricht von den Tagen des Maschiachs, in denen wir von den Wundern G"ttes erzählen werden, wenn die Zeit kommt, in der Er Seine Macht und Herrlichkeit zeigt. Dann werden alle Völker der Welt sehen, dass G"tt Sein Volk Israel nicht etwa vergessen oder verlassen hat – auch nicht während der langen und schweren Zeit des Exils (*Galut*).

David sieht in seiner Vision, wie die gesamte Schöpfung die große Freude teilt, die dann herrschen wird: Das Meer wird „brausen", Flüsse werden „applaudieren" und Berge werden „singen“, um den Ewigen zu loben, der kommen wird, um die ganze Welt gerecht zu richten.

- ***Schir la-ma'alot, essa ejnaj el he-harim*** (שִׁיר לַמַּעֲלוֹת אֶשָּׂא עֵינַי אֶל–הֶהָרִים 'ein Stufenlied: ich erhebe meine Augen zu den Bergen', *Tehillim* 121): Hier ist das zentrale Thema die g"ttliche Vorsehung. Manchmal, besonders in Augenblicken der Verzweiflung, kommt uns die Frage: „Woher soll denn nun Hilfe kommen?“ Die Antwort liegt jedoch in uns selbst: „Meine Hilfe kommt vom Ewigen.“ Wir vertrauen auf G"tt und wissen, dass Er alles kann und nichts für Ihn unmöglich ist.

Im Laufe unserer Geschichte haben wir unzählig viele schwere Momente erlebt, aber immer haben wir uns daran erinnert: „Niemals schlummert und schläft der Hüter Israels“. Der Schöpfer behütet uns, beobachtet unsere Schritte, dient uns als „Schatten“, der uns vor der Hitze der Sonne schützt – und Er behütet uns immer.

- ***Schir ha-ma'alot le-David, samáchti be-omrim li bejt Elokim nelech*** (שִׁיר הַמַּעֲלוֹת לְדָוִד שָׂמַחְתִּי בְּאֹמְרִים לִי בֵּית ה' נֵלֵךְ 'ein Stufenlied von David: glücklich war ich, als sie mir sagten: «Gehen wir ins Haus des Ewigen!»', *Tehillim* 122): Dieser Psalm ist der heiligen Stadt Jerusalem gewidmet. Mit prophetischer Eingebung (*Rúach ha-kódesch*) sieht König David die Stadt und den heiligen Tempel voller fröhlicher Pilger, die aus allen Teilen des Landes und von allen Stämmen Israels kommen.

So wie Jerusalem Heiligkeit und Frieden in der Dimension **Raum** repräsentiert, so steht der Schabbat für Heiligkeit und Frieden in der Dimension **Zeit**.

- ***Schir ha-ma'alot, elécha nassáti et ejnaj*** (שִׁיר הַמַּעֲלוֹת אֵלֶיךָ נָשָׂאתִי אֶת עֵינַי 'ein Stufenlied: zu Dir hebe ich hoch meine Augen', *Tehillim* 123): In diesem Psalm werden wir aufgefordert, unsere Augen nach oben zu richten. Diese Bewegung ist nicht nur ein Ausdruck von Gebet, sondern hat auch eine viel tiefere Bedeutung: Wir müssen begreifen, dass alles, was in der Welt geschieht, kein Zufall ist, sondern aus einer besonderen g"ttlichen Absicht und Vorsehung heraus erfolgt.

In diesem Psalm vergleicht König David das Volk Israel mit einem Sklaven, der ganz seinem Herrn unterworfen und von ihm abhängig ist.

- ***Schir ha-ma'alot le-David, lulej HASCHEM sche-hája lánu*** (שִׁיר הַמַּעֲלוֹת לְדָוִד לוּלֵי ה' שֶׁהָיָה לָנוּ 'ein Stufenlied von David: wäre es nicht der Ewige, der für uns war', *Tehillim* 124): Dieses Kapitel spricht wie das vorhergehende von unserer Abhängigkeit von G"tt, insbesondere in Zeiten von Krise und Not. Wir müssen begreifen, dass alles, was uns geschieht, einen tieferen Grund hat und beabsichtigt ist. Nichts passiert „einfach so" oder zufällig; wenn jemandem etwas Unangenehmes geschehen ist, sollte er also darin einen Hinweis und ein Zeichen sehen, dass etwas in seinem Verhalten verbessert werden muss.

In diesem Psalm vergleicht König David das Volk Israel mit einem Vogel, der aus der Falle fliehen konnte, die die

Jäger für ihn aufgestellt hatten – und damit sind die feindlichen Völker gemeint, die uns bedrängen und schädigen wollen.

- ***Halelujah! Halelu et schem HASCHEM*** (הַלְלוּיָהּ הַלְלוּ אֶת שֵׁם ה' 'rühmt den Ewigen, rühmt den Namen des Ewigen!', *Tehillim* 135): Dieser Psalm ist ein Loblied auf G"tt. Wir rufen einander auf, den Schöpfer der Welt für all die Wunder zu preisen und zu loben, die Er im Laufe der Jahre für das Volk Israel vollbracht hat. Wir erwähnen die Naturkräfte, die Seinen Willen tun, und wir erzählen von den Wundern, die beim Auszug aus Ägypten und beim Einzug ins Land Israel geschahen.

Am Ende sprechen wir vom „Tag des Gerichts", an dem G"tt Seinem Volk das verheißene Land zurückgibt und es für das große Leid entschädigt, das es so lange in der Galut erfahren musste. Dann werden alle Götzendiener – die Statuen anbeten, die nicht sehen, nicht hören und nicht sprechen – ihren Irrtum erkennen und wissen, dass HASCHEM der einzige G"tt ist.

☞ In Vorbereitung auf *Baruch sche-amar* stehen wir ab diesem Psalm.

- ***Hodu LASCHEM ki-tow*** (הודו לה' כִּי–טוֹב 'danket dem Ewigen, denn er ist gut', *Tehillim* 136): Dieser Psalm hat insgesamt 26 Verse. Diese Zahl ist der Zahlenwert (die Gematria) des G"ttesnamens: Jod – 10, He – 5, Waw – 6, He – 5. Jeder Vers dankt G"tt und endet mit den Worten *ki le-olam chasdo* (כִּי לְעוֹלָם חַסְדּוֹ 'denn ewig währt seine Güte'). In diesen Versen beschreiben wir die Wunder, die G"tt vollbracht hat, von der Erschaffung der Welt (mit

Himmel und Erde, Mond und Sternen) bis zur Spaltung des Schilfmeers und der künftigen Erlösung.

Ha-adéret we-ha-emuna (הָאַדֶּרֶת וְהָאֱמוּנָה 'die Macht und das Vertrauen')

Die Verse dieser Hymne sind nach dem hebräischen Alphabet angeordnet: Jeder Vers zählt zwei g"ttliche Eigenschaften auf, die mit demselben Buchstaben beginnen, und endet mit den Worten *le-chaj olamim* (לְחַי עוֹלָמִים 'Ihm, der ewig lebt') – und damit ist natürlich G"tt gemeint. So sagt die erste Strophe, dass *Adéret* (אַדֶּרֶת 'Macht') und *Emuna* (אֱמוּנָה 'Vertrauen') dem gehören, der ewig lebt, die zweite nennt *Bina* (בִּינָה 'Weisheit') und *Beracha* (בְּרָכָה 'Segen', d.h. die Kraft, Segen zu geben), und später folgen unter anderem *Noj* (נוֹי 'Schönheit') und *Nétzach* (נֶצַח 'Ewigkeit').

Gemäß unserer Überlieferung wird diese besondere Hymne auch von den Boten G"ttes (*Mal'achim*) im Himmel gesungen, wenn sie ihren Schöpfer preisen, und deshalb ist es üblich, sie ehrfürchtig und meist mit einer besonderen Melodie zu singen.

Baruch sche-amar (בָּרוּךְ שֶׁאָמַר 'gesegnet sei Er, der sprach')

Bevor wir *Baruch sche-amar* sagen, schicken wir einen kurzen Satz voraus: *Le-schem jichud* (לְשֵׁם יִחוּד 'um den Einzigen'). Er stammt aus der Kabbala und ist eine Vorbereitung auf die Erfüllung der Mitzwot. Daher sollten wir bei diesem Vers daran denken, dass wir ihn auch für alle Mitzwot sagen, die wir im Laufe des Tages noch erfüllen werden.

☞ Mit *Baruch sche-amar* beginnen die „Verse des Gesangs“ (*Pessukej de-Simra*); von hier an bis zum Ende der Amida darf man nicht reden.

☞ Bei *Baruch sche-amar* steht man und hält die beiden vorderen Zitzit-Fäden des Tallits in der linken Hand, so wie man es auch wochentags macht (siehe *Judentum für Einsteiger – Synagoge und Gebet*, Seite 84). Am Ende dieser Beracha, nach den Worten *Mélech mehullal ba-tischbachot* (מֶלֶךְ מְהֻלָּל בַּתִּשְׁבָּחוֹת ‘König, gerühmt durch Preisungen’) führt man die Zitzit an die Augen, küsst sie und lässt sie los.

Die Hymnen *Mismor schir le-jom ha-schabbat* und *HASCHEM malach* (*Tehillim* 92 und 93) wurden bereits beim Gebet am Freitagabend erläutert (siehe Seite 34-35).
Hintergrundinformationen und Erklärungen zu den sich anschließenden *Pessukej de-Simra* bis zum Lied am Schilfmeer (*Schirat ha-Jam*) findet man in dem Band *Judentum für Einsteiger – Synagoge und Gebet* (Seite 82-93).
Mismor le-Toda (*Tehillim* 100) wird am Schabbat nicht gesagt.

Nischmat kol chaj (נִשְׁמַת כָּל חַי 'die Seele alles Lebenden')

Dieses poetische Gebet fügt sich harmonisch in das Schabbat-Gebet ein: Am Schabbat sind wir frei von der Arbeit, sind entspannter und müssen uns nicht beeilen, irgendwohin zu gehen. So ergibt es sich ganz natürlich, dass wir auch mehr Zeit haben, mit unserem Vater im Himmel zu sprechen und der besonderen Beziehung zwischen Mensch und Schöpfer noch einige Augenblicke mehr zu widmen.

In diesem Gebet loben wir den Schöpfer der Welt für alle offenen und verborgenen Wunder, die Er im Laufe der Geschichte für Sein Volk Israel bewirkt hat und auch heute noch bewirkt. Wir loben Ihn aus einer tiefen Dankbarkeit heraus, die nicht in Worte zu fassen ist. Selbst wenn unser Mund so voll Gesang wäre wie das Meer voll Wasser und unsere Zunge so laut jauchzen könnte wie das Tosen seiner Wellen usw., könnten wir „Dir nicht genug danken, Ewiger, unser G"tt!"

Versuchen müssen wir es aber doch, und so widmen wir alle Glieder unseres Körpers – jene Glieder, die G"tt selbst uns gegeben hat – dem Lob und Dank gegenüber dem Schöpfer der Welt: „Denn jeder Mund soll Dir danken, jede Zunge Dir schwören, jedes Auge soll auf Dich blicken", wie es weiter heißt: „Alle meine Gebeine [d.h. alle Glieder, Sehnen und Knochen im menschlichen Körper] sprechen: Ewiger, wer ist wie Du?"

Schochen ad (שׁוֹכֵן עַד 'der für immer da ist') / *U-w-mak'helot* (וּבְמַקְהֲלוֹת 'und in den Versammlungen')

Als natürliche Fortsetzung des poetischen Gebets *Nischmat* und als Vorbereitung auf den Segensspruch *Jischtabach*, mit dem die *Pessukej de-Simra* zu Ende gehen, sagen wir noch zwei weitere Abschnitte, die davon handeln, dass alle Geschöpfe verpflichtet sind, den Schöpfer der Welt zu loben und ihm zu danken: die Aufrechten, die Gerechten und die Frommen im Volk Israel und alle anderen. Sie müssen Ihm danken und Ihn „preisen, rühmen, verherrlichen, erheben, lobpreisen, segnen, emporheben und feiern", über all die Lieder und Preisgesänge von „David, dem Sohn Jischajs" (König David) hinaus, die wir zuvor gelesen haben.

Barechu (בָּרְכוּ 'segnet')

Nach der Beracha *Jischtabach* (יִשְׁתַּבַּח 'gerühmt') sagt der Vorbeter das halbe Kaddisch und gleich danach *Barechu et HASCHEM ha-m'worach* (בָּרְכוּ אֶת ה' הַמְבֹרָךְ 'segnet den Ewigen, der gesegnet ist!'), worauf die Gemeinde mit *baruch HASCHEM ha-m'worach le-olam wa-ed* (בָּרוּךְ ה' הַמְבֹרָךְ לְעוֹלָם וָעֶד 'gesegnet sei der Ewige, der für alle Ewigkeit gesegnet ist') antwortet.

Weiterführende und umfassendere Erläuterungen zum Inhalt der folgenden Gebete sowie zum Verhalten während des Gebets findet man in dem Band *Judentum für Einsteiger – Synagoge und Gebet* in den Teilen zum *Schema* und seinen Segenssprüchen (Seite 94-108).

Segenssprüche um das *Schema Jissra'el*

Wir beginnen wie jeden Tag mit dem Segensspruch ***Jotzer or*** (יוֹצֵר אוֹר 'der das Licht gestaltet'), aber für den Schabbat kommen noch drei weitere Abschnitte hinzu:

- ***Ha-kol jodúcha*** (הַכֹּל יוֹדוּךָ 'alle sollen Dich rühmen')

Zu Beginn dieses Gebets danken wir dem Ewigen dafür, dass Er die Sonne geschaffen und sie in Seinem Erbarmen am Himmel so anbrachte, dass die Erde weder durch zu große Hitze verbrennt noch wegen zu großer Entfernung von der Sonne von Eis bedeckt wird.

Wir fahren fort mit dem Lob des Schöpfers der Welt: *Ma rabbu ma'assécha, HASCHEM* (מָה רַבּוּ מַעֲשֶׂיךָ ה' 'wie mannigfach sind Deine Werke, Ewiger'), und wir bitten Ihn um Seinen Schutz vor unseren Widersachern und Feinden. Wir beenden diesen Abschnitt mit den Worten: „da ist nichts ohne Dich … und da ist niemand gleich Dir."

- ***Kel adon*** (קֵל אָדוֹן 'der Allmächtige G"tt')

Analog zum wochentäglichen *Kel baruch gedol de'a* (קֵל בָּרוּךְ גְּדוֹל דֵּעָה 'der gesegnete G"tt, groß im Wissen'), bei dem die Anfangsbuchstaben der Wörter dem hebräischen Alphabet folgen, singen wir diese längere Hymne zu Ehren des heiligen Schabbats; hier bekommt jeder Buchstabe nicht nur ein Wort, sondern einen ganzen Satz. Diese alphabetische Ordnung soll uns darauf hinweisen, dass die Welt von G"tt sozusagen durch die Tora geschaffen wurde, die mit den 22 Buchstaben des Alphabets geschrieben ist.

Diese Hymne lobt G"tt, den Herrn aller Geschöpfe, der die Welt erschuf, vor allem für die „Leuchten" am Himmel – Sonne, Mond und Sterne, die so erschaffen wurden, dass wir von ihrem Licht Nutzen haben können.

- ***La-Kel ascher schawat*** (לָקֵל אֲשֶׁר שָׁבַת 'dem Allmächtigen G"tt, der ruhte')

Der dritte besondere Zusatz für den Schabbat konzentriert sich darauf, dass der siebte Tag ein Ruhetag ist. An diesem Tag „ruhte" der Schöpfer von all Seiner Arbeit und Seinem Schöpfungswerk der sechs Tage zuvor; „Er wurde erhoben und saß auf Seinem Thron der Herrlichkeit".

Der Schöpfer befahl uns, den siebten Tag in besonderer Form zu genießen und zu ehren, und wir tun das mit einem Gefühl der Dankbarkeit dafür, dass Er uns mit Liebe den heiligen Schabbat-Tag geschenkt hat – einen Tag der Ruhe und Heiligkeit.

☞ Diesen Text soll man mit Konzentration (*Kawwana*) sagen und auf jedes Wort achten (und wer das nicht getan hat, muss den ganzen Text noch einmal wiederholen).

Danach folgen wieder die gleichen Passagen wie am Wochentag: *Titbarech la-nétzach* (תִּתְבָּרֵךְ לָנֶצַח 'sei ewig gesegnet'), *La-Kel baruch ne'imot jitténu* (לָקֵל בָּרוּךְ נְעִימוֹת יִתֵּנוּ 'dem gesegneten G"tt singen sie liebliche Melodien') und der zweite Segensspruch vor dem *Schema Jissra'el*, ***Ahawat olam*** (אַהֲבַת עוֹלָם 'mit ewiger Liebe').

☞ Bei den Worten *We-hawi'énu le-schalom me-arba kanfot ha-áretz* (וַהֲבִיאֵנוּ לְשָׁלוֹם מֵאַרְבַּע כַּנְפוֹת הָאָרֶץ 'bringe uns zum Frieden von den vier Enden der Welt') nimmt man die Zitzit des Tallits wie am Wochentag zusammen in die linke Hand (siehe *Judentum für Einsteiger – Synagoge und Gebet*, Seite 99-100) und hält sie so während dem *Schema Jissra'el* und einem Teil der Beracha *Emet we-jatziw* (אֱמֶת וְיַצִּיב 'wahr und beständig').

Schema Jissra'el (שְׁמַע יִשְׂרָאֵל 'höre, Israel!')

Man sagt alle drei Abschnitte des *Schema Jissra'el* auf die übliche Weise (siehe *Judentum für Einsteiger – Synagoge und Gebet*, Seite 101-108): Bei dem Satz *Schema Jissra'el ...* bedeckt man die Augen mit der rechten Hand, bei dem Wort *Zitzit* (צִיצִית) küsst man die Zitzit, usw. Darauf folgen die Berachot *Emet we-jatziw* (אֱמֶת וְיַצִּיב 'wahr und beständig') und *Esrat awotéjnu* (עֶזְרַת אֲבוֹתֵינוּ 'Hilfe unserer Väter'), und dann beginnt die Amida.

Amida (Stehgebet)

Die Amida am Schabbatmorgen ähnelt der am Freitagabend. Wir beginnen mit den drei einführenden Segenssprüchen:

- *Magen Awraham* (מָגֵן אַבְרָהָם 'Schild Awrahams'),
- *Mechajeh ha-metim* (מְחַיֵּה הַמֵּתִים 'der die Toten wieder belebt') und
- *Atta kadosch* (אַתָּה קָדוֹשׁ 'Du bist heilig').

Die mittlere Beracha ist dem Schabbat gewidmet, und wir schließen wie gewohnt mit den drei Segenssprüchen

- *Ha-machasir schechinato le-Zijon* (הַמַּחֲזִיר שְׁכִינָתוֹ לְצִיּוֹן 'der Seine g''ttliche Gegenwart in Zion wieder herstellt'),

- *Ha-tow schimcha u-l'cha na'eh le-hodot* (הַטּוֹב שִׁמְךָ וּלְךָ נָאֶה לְהוֹדוֹת 'wohltätig ist Dein Name, und es ist passend, Dir Dank darzubieten') und
- *Ha-m'warech et ammo Jissra'el ba-schalom* (הַמְבָרֵךְ אֶת עַמּוֹ יִשְׂרָאֵל בַּשָּׁלוֹם 'der Sein Volk Israel mit Frieden segnet').

Keduschat ha-Jom 'Heiligkeit des Tages': *Jissmach Mosche* ('Mosche freute sich')

Der mittlere Segensspruch stellt die Tora als ein Geschenk dar, das der Schöpfer Mosche und dem ganzen Volk Israel gemacht hat, wobei mit diesem Geschenk das Gebot verbunden ist, den Schabbat einzuhalten.

Die Tora-Verse, die wir zitieren, sprechen von der Pflicht, den Schabbat zu halten, und begründen sie.

- *We-schameru wenej Jissra'el et ha-schabbat* (וְשָׁמְרוּ בְנֵי יִשְׂרָאֵל אֶת הַשַּׁבָּת 'und die Kinder Israels sollen den Schabbat einhalten'): Der Vers, der so beginnt, verpflichtet das Volk Israel darauf, den Schabbat an jedem Ort, in jeder Generation und zu jeder Zeit zu halten.
- *Bejni u-wejn benej Jissra'el ot hi le-olam ... u-wa-jom ha-schewi'i schawat wa-jinnafasch* (בֵּינִי וּבֵין בְּנֵי יִשְׂרָאֵל אוֹת הִיא לְעוֹלָם ... וּבַיּוֹם הַשְּׁבִיעִי שָׁבַת וַיִּנָּפַשׁ 'zwischen Mir und den Kindern Israels ist er ein Zeichen für alle Zeit; … und am siebten Tag stellte Er alle Arbeit ein und ruhte'): Wir sollen den Schabbat halten, weil der Schöpfer am siebten Tag der Schöpfung „ruhte".

We-lo netatto (וְלֹא נְתַתּוֹ 'und Du hast ihn nicht gegeben')

Nun betonen wir, dass der Schabbat einzig und allein für das Volk Israel bestimmt ist. In früheren Zeiten verspotteten uns die anderen Völker deshalb, weil wir jede Woche einen vollen Arbeitstag „verschwenden" und ihn geistigen und damit ihnen nutzlos scheinenden Dingen widmen. Später übernahmen auch Christen und Muslime die Idee eines wöchentlichen Ruhetags, aber er ist im Wesen unserem Schabbat nicht wirklich ähnlich. Der Schabbat ist ein Symbol für die besondere Liebe zwischen dem Volk Israel und dem Ewigen, gelobt sei Er, und dafür danken wir Ihm.

Die beiden Abschnitte *Jissmechu* (יִשְׂמְחוּ 'es werden sich freuen') und *Elokéjnu* (אֱלֹקֵינוּ 'unser G"tt') wurden schon bei der Amida vom Freitagabend erklärt (siehe Seite 81).

Es folgen die drei Berachot *Retzeh* (רְצֵה 'schau mit Wohlwollen'), *Modim* (מוֹדִים 'in Dankbarkeit erkennen wir an') und *Sim schalom* (שִׂים שָׁלוֹם 'gib Frieden') sowie der Abschnitt *Elokaj, netzor leschoni me-ra* (אֱלֹקַי נְצֹר לְשׁוֹנִי מֵרָע „Mein G"tt, bewahre").

Wiederholung der Amida durch den Vorbeter

Der Vorbeter wiederholt die Amida, die wir gerade leise gesagt haben, laut. Am Ende jeder Beracha antwortet die Gemeinde mit *Amen*.

Nach *Mechajeh ha-metim* (מְחַיֶּה הַמֵּתִים 'der die Toten wieder belebt') sagen alle zusammen die *Keduscha,* bei der jedes Stück, das die Gemeinde sagt, vom Vorbeter wiederholt wird.

Nach *Ha-machasir schechinato le-Zijon* (הַמַּחֲזִיר שְׁכִינָתוֹ לְצִיּוֹן 'der Seine g"ttliche Gegenwart in Zion wieder herstellt') sagen alle gleichzeitig mit dem *Modim* des Vorbeters das im Siddur daneben abgedruckte *Modim de-Rabbanan.* Anschließend sagt der Vorbeter den Priestersegen (*Birkat Kohanim*), *Sim schalom* (שִׂים שָׁלוֹם 'gib Frieden') und das ganze Kaddisch.

In manchen Synagogen (vor allem in Jerusalem) erteilen die Kohanim den Segen (siehe Seite 141 zum Priestersegen in Mussaf).

Auf die Wiederholung durch den Vorbeter folgt der besondere Tagespsalm für Schabbat, *Mismor schir le-jom ha-schabbat* (מִזְמוֹר שִׁיר לְיוֹם הַשַּׁבָּת 'ein Psalm, ein Lied für den Schabbat-Tag'), auf den wir schon beim Gebet für Freitag eingegangen sind (siehe Seite 73). Nach *Hoschi'énu* (הוֹשִׁיעֵנוּ 'erlöse uns') sagt jemand, der sich in der Trauerzeit für nahe Verwandte befindet (oder ansonsten jemand, der nicht mehr beide Eltern hat), das Kaddisch der Trauernden.

Ansprache

In vielen Synagogen ist es Brauch, dass vor der Tora-Lesung der Rabbiner (oder eine andere Person) der Gemeinde einige Gedanken zum Wochenabschnitt vorträgt.

Tora-Lesung

Nach dem Ende des Schacharit-Gebets wird der Wochenabschnitt aus einer Tora-Rolle vorgelesen.

Allgemeine Informationen zur Tora-Lesung, zum Öffnen des Tora-Schranks (*Aron ha-Kódesch*), zum Aufruf zur Tora (*Alija*) usw. finden Sie im Band *Judentum für Einsteiger – Synagoge und Gebet* (Seite 141-156).

☞ Nach *Berich schemeh* (בְּרִיךְ שְׁמֵהּ ‘gesegnet sei der Name’) sagt der Vorbeter zwei Verse, die von der Gemeinde einzeln wiederholt werden: *Schema Jissra’el* (שְׁמַע יִשְׂרָאֵל ‘höre, Israel!’) und *Echad Elokéjnu* (אֶחָד אֱלֹקֵינוּ ‘einzig ist unser G”tt’).

☞ Anschließend sagt der Vorbeter *Gaddelu LASCHEM itti* (גַּדְּלוּ לַה’ אִתִּי ‘erhebt den Ewigen mit mir’). Die Gemeinde antwortet wie wochentags mit dem Abschnitt *Lecha HASCHEM ha-gedulla* (לְךָ ה’ הַגְּדֻלָּה ‘Dein, Ewiger, ist die Größe’) und fügt für Schabbat zwei weitere hinzu: *Al ha-kol jitgaddel we-jitkaddesch* (עַל הַכֹּל יִתְגַּדַּל וְיִתְקַדַּשׁ ‘über alles lobgepriesen und geheiligt’) und *Aw ha-rachamim* (אָב הָרַחֲמִים ‘der Vater des Erbarmens’).

☞ Im Unterschied zum Wochentag sagt der Gabbaj *We-ja’asor we-jagen we-joschía* (וְיַעֲזוֹר וְיָגֵן וְיוֹשִׁיעַ ‘Er helfe, beschütze und befreie’) in der Melodie für den Tora-Aufruf.

Am Schabbat werden insgesamt acht Männer zur Tora-Lesung aufgerufen. Die erste Alija bekommt ein Kohen, die zweite ein Levi; auf Platz drei bis sieben kommen fünf Jissra'elim (Juden, die weder Kohen noch Levi sind).

☞ Ist ein Kohen da, aber kein Levi, wird derselbe Kohen zweimal aufgerufen. Ist kein Kohen da, kann ein Levi als erster (und nur als erster) aufgerufen werden, aber man darf die erste Alija auch einem Jissra'el geben.

Am Ende dieser sieben Alijot sagt der Vorleser (*Ba'al Koreh*), das halbe Kaddisch. Dann folgt eine achte Alija, die als *Maftir* bezeichnet wird. Meist werden die letzten Verse des Wochenabschnitts wiederholt, aber für einige Schabbatot gibt es eine besondere Lesung aus einer zweiten Tora-Rolle (siehe Anhang, Seite 83). Anschließend liest der Maftir die Haftara.

☞ Als Maftir kann auch ein Kohen oder ein Levi aufgerufen werden.

Mischebérach für den Aufgerufenen und/oder Kranke

Es ist üblich, dass der Gabbaj der Synagoge nach jeder Alija einen besonderen Segensspruch für den Aufgerufenen sagt, den man nach den Anfangsworten *Mi sche-berach* (מִי שֶׁבֵּרַךְ 'der gesegnet hat') *Mischebérach* nennt. Man wünscht ihm, dass G"tt – derjenige, der unsere Vorväter Awraham, Jitzchak und Ja'akow segnete – auch ihn segnen, beschützen und vor allem Unglück bewahren sowie seine Taten mit Segen und Erfolg krönen möge.

☞ An vielen Orten ist es üblich oder sogar vorgeschrieben, dass der Aufgerufene bei dieser Gelegenheit eine Spende verspricht.

Nach einer Alija oder am Ende der Tora-Lesung kann der Gabbaj auf Wunsch ein besonderes *Mischebérach* für die Genesung von Kranken sagen (getrennt für Männer und Frauen), und man kann ihm die Namen von Kranken nennen, die darin erwähnt werden sollen. Am Schabbat ist dieses *Mischebérach* kürzer als wochentags und endet mit den Worten: *Schabbat hi mi-lis'ok u-r'fu'a kerowa la-wo we-nomar amen* (שַׁבָּת הִיא מִלִּזְעֹק וּרְפוּאָה קְרוֹבָה לָבוֹא וְנֹאמַר אָמֵן 'es ist Schabbat, wenn es verboten ist zu bitten; doch sei die Heilung nahe – sagen wir *Amen*').

☞ Wird der Name eines Menschen genannt, um dessen Heilung man bittet, fügt man den Namen der Mutter hinzu, z.B. ***Jossef ben Jehudit*** (Jossef, Sohn von Judit), ***Rachel bat Sara*** (Rachel, Tochter von Sara).

Haftara

Als *Haftara* wird ein Abschnitt aus den Prophetenbüchern bezeichnet, der meist mit dem Wochenabschnitts inhaltlich zusammenhängt oder etwas mit der Bedeutung des Tages zu tun hat (zum Beispiel wenn Rosch Chodesch, der Beginn eines neuen Monat, oder ein Feiertag auf Schabbat fällt).

Zum Beispiel: Der Wochenabschnitt *Schelach lecha* (שְׁלַח לְךָ 'schicke für dich', *Bamidbar* 13:2) handelt von den Kundschaftern, die Mosche aussandte, um das Land Kena'an zu bereisen, und die zugehörige Haftara erzählt von den Kundschaftern, die von Jehoschua ausgeschickt wurden.

Jede Haftara besteht aus mindestens einundzwanzig Versen, entsprechend den sieben Alijot zur Tora, die jeweils wenigstens drei Verse lang sein müssen.

☞ Nach der Maftir-Lesung wird die Tora-Rolle hochgehoben (*Hagbaha*) und zusammengerollt (*Gelila*). Derjenige, der als Maftir aufgerufen wurde, sagt nun die Beracha vor der Haftara: *Baruch ata ... ascher bachar bi-n'wi'im towim* (בָּרוּךְ אַתָּה ... אֲשֶׁר בָּחַר בִּנְבִיאִים טוֹבִים 'gesegnet seist Du, ... der gute Propheten ausgewählt hat').

☞ Anschließend liest der Maftir die Haftara aus einem gedruckten Buch laut vor, sodass alle ihn hören und leise mitlesen können. **Während der Tora- und Haftara-Lesung ist es verboten zu reden**.

☞ Nach der Haftara sagt der Maftir vier weitere Segensprüche: *Zur kol ha-olamim* (צוּר כָּל הָעוֹלָמִים 'Fels aller Welten'), *Rachem al Zijon* (רַחֵם עַל צִיּוֹן 'hab' Erbarmen mit Zion'), *Sammechénu HASCHEM Elokéjnu* (שַׂמְּחֵנוּ ה' אֱלֹקֵינוּ 'erfreue uns Ewiger, unser G"tt') sowie die Variante von *Al ha-tora* (עַל הַתּוֹרָה 'für die Tora') für Schabbat.

Insgesamt sagt der Maftir **sieben** Berachot entsprechend den sieben Alijot zur Tora: zwei für die Alija als Maftir (vor und nach der Lesung), eine vor der Haftara und vier danach.

Jekum purkan (יְקוּם פֻּרְקָן 'es komme Erlösung')

Nach der Haftara sagt man einige Gebete für diejenigen, die im jüdischen Volk besondere Funktionen haben, für die ganze Gemeinde und für diejenigen, die regelmäßig zum Unterhalt der Synagoge beitragen.

Jekum purkan (יְקוּם פֻּרְקָן 'es komme Erlösung') wurde nach dem Abschluss des Babylonischen Talmuds vor 1500 Jahren in die Gebetsordung aufgenommen. Dieses Gebet wird auf Aramäisch gesagt, weil das die allgemeine Umgangssprache war.

Im ersten *Jekum purkan* beten wir für das Wohlergehen unserer Weisen, Lehrer und Richtern und wünschen, G"tt möge ihnen langes Leben geben, sie vor Leiden schützen, ihnen Kinder schenken, die sich mit der Tora beschäftigen, usw.

Das zweite *Jekum purkan* ist eine ähnliche Bitte für „diese ganze heilige Versammlung", Männer, Frauen und Kinder.

☞ Wer alleine betet, sagt dieses zweite *Jekum purkan* wie auch das nachfolgende *Mi sche-berach* nicht.

Mi sche-berach (מִי שֶׁבֵּרַךְ 'der gesegnet hat')

Für jene, die nicht so gut Aramäisch sprechen, wurde das hebräische *Mi sche-berach* (מִי שֶׁבֵּרַךְ 'der gesegnet hat') angefügt, eine weitere Bitte für die ganze Gemeinde – Männer und Frauen, Jungen und Mädchen.

Dieses Gebet bezieht sich vor allem auf Menschen, die eine Aufgabe in der Gemeinde haben, die mit ihrem Geld zum Unterhalt der Synagoge beitragen oder die laufenden Kosten, z.B. für die Beleuchtung, übernehmen. Ein besonderer Segenswunsch gilt denen, die sich aus Verantwortungsgefühl für das öffentliche Wohl einsetzen. Wir bitten unter anderem darum, das G"tt ihnen ihren Lohn geben, Krankheiten von ihnen fernhalten, ihre Sünden verzeihen sowie ihnen Segen und Erfolg bei all ihren Bemühungen gewähren möge.

Früher haben viele jüdische Gemeinden an dieser Stelle ein *Mischebérach* für das Staatsoberhaupt (den Kaiser, den Zar usw.) eingefügt. Auch heute ist es weithin üblich, ein Gebet für die Regierung im eigenen Land und/oder in Israel einzufügen. Mancherorts sagt man auch ein *Mischebérach* für die Soldaten der Israelischen Verteidigungsstreitkräfte sowie für Gefangene und Vermisste.

Birkat ha-Chódesch (Segen für den neuen Monat)

Am Schabbat vor Rosch Chodesch (dem Beginn eines neuen Monats nach dem jüdischen Kalender) wird ein besonderes Gebet für den bevorstehenden Monat gesagt, das man *Birkat ha-Chódesch* (oder auch *Chódesch-Benschen*) nennt. Darin äußern wir die Hoffnung, der Schöpfer der Welt – der in der Vergangenheit Wunder für unsere Vorväter vollbrachte und sie aus Ägypten herausführte – möge auch uns heute Wunder zun, uns schnell erlösen und das in aller Welt verstreute Volk Israel einsammeln.

Wir wünschen uns, dass G"tt uns einen Monat schenken möge, in dem wir ein gutes Leben und wahren Frieden haben, einen Monat voller Freude, Erlösung und Trost, und wir bekräftigen das mit *we-nomar amen* (וְנֹאמַר אָמֵן 'sagen wir *Amen*').

☞ Vor oder während dem Segen für den neuen Monat wird üblicherweise der sogenannte Molad angekündigt, der Zeitpunkt, zu dem der Neumond sichtbar wird. Es handelt sich aber nicht um die tatsächliche örtliche Zeit, sondern um einen Durchschnittswert, der kaum praktische Bedeutung hat.

☞ Der Vorbeter steht mit der Tora-Rolle im Arm an der Bima, und die Gemeinde, gefolgt vom Vorbeter, sagt: *Mi sche-assa nissim la-awotéjnu* (מִי שֶׁעָשָׂה נִסִּים לַאֲבוֹתֵינוּ 'der Wunder für unsere Väter vollbrachte') bis *we-nomar amen* (וְנֹאמַר אָמֵן 'sagen wir *Amen*').

☞ Der Vorbeter verkündet den Namen des neuen Monats und den Wochentag, an dem er anfängt, zum Beispiel: „Der Monatsbeginn (Rosch Chodesch) von Kisslew wird am dritten Tag (Dienstag) sein, der zum Gutem zu uns komme". Die Gemeinde wiederholt das.

☞ Dann sagt die Gemeinde den Abschnitt *Jechaddeschéhu ha-kadosch baruch hu* (יְחַדְּשֵׁהוּ הַקָּדוֹשׁ בָּרוּךְ הוּא 'der Heilige, gesegnet sei Er, erneuere ihn'). Das wiederholt der Vorbeter, wobei die Gemeinde nach jedem Wunsch *Amen* antwortet, also *Le-chajim u-l'schalom* (לְחַיִּים

וּלְשָׁלוֹם ‘zum Leben und zum Frieden’) – *Amen*, und so weiter.

Aw ha-rachamim (אָב הָרַחֲמִים ‘barmherzigster Vater’)

An jedem normalen Schabbat sagt man nun *Aw ha-rachamim* (אָב הָרַחֲמִים ‘barmherzigster Vater’) zum Gedenken an alle jüdischen Menschen, die ihre Seele und ihr Leben als Märtyrer hingaben. Dabei bitten wir den Schöpfer, Er möge sich in Seiner unendlichen Güte ihrer erinnern und ihr unschuldiges Blut rächen, das aus blindem Hass vergossen wurde, nur weil sie Juden waren, vergossen wurde.

☞ Wenn wir am sogenannten *Schabbat mewarechim* den Segen für den neuen Monat sagen, oder an einem Datum, an dem wochentags das Tachanun entfallen würde (z.B. im Monat Nissan oder an Rosch Chodesch), wird *Aw ha-rachamim* nicht gesagt. (Zu Tachanun siehe *Judentum für Einsteiger – Synagoge und Gebet*, Seite 131-140.)

☞ Am *Schabbat mewarechim* für den Monat Siwan sagt man jedoch *Aw ha-rachamim*.

Anschließend sagen wir *Aschrej* (אַשְׁרֵי ‘glücklich’) und bringen die Tora-Rolla zum Tora-Schrank (*Aron ha-Kódesch*) zurück, begleitet von *Jehalelu et schem HASCHEM* (,יְהַלְלוּ אֶת שֵׁם ה ‘rühmen sollen sie den Namen des Ewigen’). Der Vorbeter sagt das halbe Kaddisch, und danach beginnt das *Mussaf*-Gebet.

Mussaf (Zusatzgebet)

Wie schon im Band *Judentum für Einsteiger – Synagoge und Gebet* (Seite 29) erklärt wurde, ersetzt jedes Gebet eines der Opfer, das die Kohanim darbrachten, als der Tempel in Jerusalem noch stand: ***Schacharit*** (Morgengebet) – das ständige Opfer am Morgen; ***Mincha*** (Nachmittagsgebet) – das ständige Opfer am Nachmittag und ***Ma'ariw*** oder ***Arawit*** (Abendgebet) – das Verbrennen der übriggebliebenen Gliedmaßen der Opfertiere in der Nacht.

Das ***Mussaf***-Gebet, das an Schabbat, Feiertagen und Rosch Chodesch nach dem Morgengebet gesagt wird, entspricht dem **zusätzlichen Opfer,** das an diesen besonderen Tagen im Tempel dargebracht wurde.

> ☞ Man sollte Mussaf nach Schacharit und innerhalb der ersten sieben Zwölftel des Tages (vom Morgen an gerechnet) sagen. Man kann es aber bis Sonnenuntergang nachholen.

Mussaf besteht nur aus der Amida, ohne irgendeine Einleitung.

Wie jede Amida beginnt und endet Mussaf mit denselben drei Berachot. Der mittlere Segensspruch bezieht sich auf den Schabbat oder den jeweiligen Feiertag. (An Feiertagen sagt man das Mussaf-Gebet für den Feiertag, das in den entsprechenden Bänden der Reihe *Judentum für Einsteiger* beschrieben wird, mit Einschüben für Schabbat.)

Tikkánta schabbat (תִּקַּנְתָּ שַׁבָּת ‘Du hast den Schabbat festgelegt’)

In der mittleren Beracha, dem Kernstück von Mussaf, danken wir G”tt dafür, dass Er uns den Schabbat geschenkt und ihn zu einem Tag gemacht hat, der ganz der Verbindung zwischen Ihm und dem Volk Israel gewidmet ist.

Wir bitten G”tt darum, Er möge Sein ganzes Volk ins Land Israel führen und den dritten Tempel errichten, sodass wir dort die Schabbat-Opfer bringen können, wie es uns die Tora gebietet. Dabei zitieren wir Verse, die das Zusatzopfer am Schabbat genauer beschreiben: „Am Schabbat-Tag zwei einjährige Schafe ohne Fehl …“.

Es folgen dann Abschnitte, die wir schon aus der Amida von Ma’ariw und Schacharit kennen (siehe Seite 81): *Jissmechu we-malchutecha* (יִשְׂמְחוּ בְמַלְכוּתְךָ ‘freuen werden sich an Deinem Königtum’) und *Elokéjnu w-Elokej awotéjnu* (אֱלוֹקֵינוּ וֵאלֹקֵי אֲבוֹתֵינוּ ‘unser G”tt und G”tt unserer Väter’). Wir beschließen die Beracha wiederum mit *Baruch atta HASCHEM, mekaddesch ha-schabbat* (בָּרוּךְ אַתָּה ה׳ מְקַדֵּשׁ הַשַּׁבָּת ‘gesegnet seist Du, Ewiger, der den Schabbat heiligt’).

Fällt Rosch Chodesch auf Schabbat, ändert sich das Mussaf-Gebet etwas, denn anstelle von *Tikkánta schabbat* sagen wir *Atta jatzárta* (אַתָּה יָצַרְתָּ ‘Du hast geformt’). Dort wird auch das Zusatzopfer beschrieben, das an Rosch Chodesch dargebracht wurde, und wir fügen eine besondere Bitte für den neuen Monat ein, bei der wir in der Wiederholung durch den Vorbeter nach jedem Wunsch *Amen* antworten.

Interessant an dieser Beracha ist, dass die Wörter wie in vielen anderen Fällen nach dem hebräischen Alphabet angeordnet sind, hier allerdings in umgekehrter Reihenfolge: Das erste Wort ***tikkánta*** (תִּקַּנְתָּ) beginnt mit dem Buchstaben *Tav* (ת), und dann geht es rückwärts bis zum *Alef* (א) beim zweiundzwanzigsten Wort ***as*** (אָז). Diese alphabetische Anordnung ist weit mehr als ein nettes literarisches Mittel und hat eine tiefere spirituelle Bedeutung. Auch die Richtung ist wichtig: Die normale Abfolge א-ב-ג-ד symbolisiert die Annäherung des Menschen an den Schöpfer, die umgekehrte ת-ש-ר-ק die Annäherung des Schöpfers an den Menschen. Die umgekehrte Reihenfolge passt zum Mussaf-Gebet am Schabbat, weil der Schabbat mehr als jeder andere Tag die Annäherung des Schöpfers an uns symbolisiert: Er hat uns in Seiner unendlichen g"ttlichen Liebe und Güte den Schabbat als Geschenk gegeben. Wir haben darum nicht gebeten, und doch haben wir eine allwöchentliche Zeit bekommen, in der der Schöpfer sich uns nähert und und es uns ermöglicht, mit Ihm stärker verbunden zu sein.

Die Wiederholung des Mussaf-Gebets

Nachdem der Vorbeter die Beracha *Mechajeh ha-metim* (מְחַיֵּה הַמֵּתִים 'der die Toten wieder belebt') beendet hat, folgt eine besondere Keduscha, die mit den Worten beginnt: *Kéter jittenu lecha* (כֶּתֶר יִתְּנוּ לְךָ 'eine Krone werden sie Dir geben'). Sie beruht auf Versen aus Prophezeiungen der Propheten Jeschaja und Jecheskel und beschreibt die g"ttlichen Boten (*Mal'achim*), die den Schöpfer preisen. Wie bei Schacharit wiederholt auch hier der Vorbeter das, was die Gemeinde sagt.

Birkat Kohanim (Priestersegen)

Den Kohanim wurde aufgetragen, das Volk mit dem Priestersegen zu segnen (den drei Versen in *Bamidbar* 6:24-26). Es ist üblich, dass sie das in der Wiederholung von Mussaf tun – in Israel jeden Schabbat, in aschkenasischen Gemeinden außerhalb Israels jedoch nur an Feiertagen, die nicht auf Schabbat fallen. Wenn die Kohanim den Segen nicht erteilen, wird der Text dennoch vom Vorbeter gesagt.

In der deutschen Ausgabe dieses Buches haben wir die Ausführungen zum Priestersegen großenteils weggelassen, weil sie bei uns nicht für den Schabbat relevant sind. Es ist vorgesehen, sie in einen anderen Band der Reihe *Judentum für Einsteiger* aufzunehmen.

Der Inhalt des Segens

Jewaréchecha HASCHEM we-jischmerécha (יְבָרֶכְךָ ה' וְיִשְׁמְרֶךָ ‘der Ewige segne und behüte dich’): G”tt möge dich materiell mit Geld und Wohlstand segnen und dich einerseits vor Verlusten durch Diebe usw. schützen, andererseits vor der Gefahr, dass Reichtum Menschen so blind machen kann, dass sie gefährlich und arrogant werden.

Ja’er HASCHEM panaw elécha wi-chunnékka (יָאֵר ה' פָּנָיו אֵלֶיךָ וִיחֻנֶּךָּ ‘der Ewige lasse dir Sein Angesicht leuchten und sei dir gnädig’): G”tt möge dir, weil du Tora lernst und anwendest, wohlgesonnen sein und bewirken, dass jeder, der dich sieht, dir ebenfalls wohlgesonnen ist.

Jissa HASCHEM panaw elécha we-jassem lecha schalom (יִשָּׂא ה' פָּנָיו אֵלֶיךָ וְיָשֵׂם לְךָ שָׁלוֹם ‘der Ewige wende dir Sein Angesicht zu und gebe dir Frieden’): G”tt möge dir innere Ruhe und Frieden mit dir selbst und deinen Nächsten geben.

Das Ende des Gebets

Nach dem Mussaf-Gebet sagt der Vorbeter das ganze Kaddisch. Darauf folgen *Kawweh el HASCHEM* (קַוֵּה אֶל ה‘ ‘hoffe auf den Ewigen’), *Ejn k-Elokéjnu* (אֵין כֵּאלוֹקֵינוּ ‘keiner ist wie unser G”tt’), *Pittum ha-ketóret* (פִּטּוּם הַקְּטֹרֶת ‘die Zusammensetzung des Räucherwerk’) und weitere Abschnitte wie an jedem Tag (siehe *Judentum für Einsteiger – Synagoge und Gebet*, Seite 160-162). Dann wird, meist von einem Trauernden, das *Kaddisch de-Rabbanan* gesagt, und daran schließen sich *Aléjnu le-schabbéach* (עָלֵינוּ לְשַׁבֵּחַ ‘an uns ist es, zu rühmen’), das Kaddisch der Trauernden und *Al tira* (אַל תִּירָא) an.

Am Schabbat fügen wir noch einen besonderen Abschnitt aus dem Buch *Wajikra* hinzu, der sich mit der Mitzwa der Schaubrote (*Léchem ha-Panim*) befasst. Als der Tempel in Jerusalem stand, wurden jede Woche zwölf Brote in besonderer Form gebacken und auf den goldenen Tisch im Heiligtum gelegt. Jeden Schabbat – nachdem die Brote eine Woche lang auf dem Tisch gelegen hatten, aber durch ein Wunder frisch geblieben waren – teilten sich die Kohanim die Brote auf und aßen sie. In Erinnerung daran sagen wir die Verse, in denen den den Kohanim diese Mitzwa geboten wird: „Nimm Weizenmehl und backe daraus zwölf Brote …“ (*Wajikra* 24:5-9).

Das Schaubrot wurde als *Léchem ha-**Panim*** bezeichnet, weil es sich im Inneren (***Penim***) des Tempels befand, und auch, weil es ansprechend und schön wie das Gesicht (***Panim***) eines Königs war.

Wie jeden Morgen ist es Brauch, sechs Abschnitte zu sagen, die das Wort „gedenke“ enthalten, sowie die Psalmen für den Tag im Monat und das Kapitel Psalmen, das dem eigenen Alter entspricht.

☞ Nach dem Gebet darf man den Tallit zusammenlegen, aber nicht genau in die Falten.

Kiddusch in der Gemeinde

In vielen Gemeinden wird nach dem Gebet etwas zu Essen angeboten – in manchen jede Woche, in anderen nur bei besonderen Anlässen. Da man dafür Kiddusch machen muss, nennt man einen solchen Imbiss oder Empfang ebenfalls *Kiddusch*. Üblicherweise sagt der Rabbiner oder eine andere Person zu Beginn laut Kiddusch, und die anderen erfüllen durch Zuhören ihre Pflicht. Da man Kiddusch dort machen oder hören muss, wo man isst, ist es wichtig, etwas zu essen, worüber man die Beracha *boreh minej mesonot* (בּוֹרֵא מִינֵי מְזוֹנוֹת ‘der verschiedene Speisen erschafft’) sagt, also Kuchen, Kekse und dergleichen; falls man Challot bekommt, muss man natürlich die Hände waschen und *ha-motzi* sagen (siehe Seite 96).

☞ Wenn man zum Kiddusch bleibt, muss man daran denken, die Nach-Beracha (*Beracha acharona*) zu sagen, bevor man für die Schabbat-Mahlzeit nach Hause geht.

Die Schabbat-Mahlzeit und der Nachmittag

Die Vorschriften und Bräuche für die Mahlzeit am Tag sind, sofern nicht anders angegeben, dieselben wie für Freitagabend (siehe Seite 96).

☞ Wie am Freitagabend darf man weder essen noch trinken, bevor man Kiddusch gesagt oder gehört hat.

Kiddusch

Beim Kiddusch am Morgen (für den man auch die aramäische Bezeichnung *Kidduscha Rabba* verwendet) sagt man nur eine Beracha, nämlich die über Wein, und stellt ihr eine Reihe von Zitaten voran:

- *Mismor le-David HASCHEM ro'i lo echsar* (מִזְמוֹר לְדָוִד ה' רוֹעִי לֹא אֶחְסָר 'ein Psalm von David: Der Ewige ist mein Hirte, mir wird es an nichts fehlen', *Tehillim* 23);
- *Atkínu se'udata* (אַתְקִינוּ סְעוּדָתָא 'bereitet das Mahl');
- *We-schameru wenej Jissra'el et ha-schabbat* (וְשָׁמְרוּ בְנֵי יִשְׂרָאֵל אֶת הַשַּׁבָּת 'und die Kinder Israels sollen den Schabbat einhalten');
- *Im taschiw mi-schabbat raglécha* (אִם תָּשִׁיב מִשַּׁבָּת רַגְלֶךָ 'wenn du um des Schabbats willen deinen Fuß zurückhältst');
- *Da hi se'udata* (דָּא הִיא סְעוּדָתָא 'dies ist das Mahl')

- *Sachor et jom ha-schabbat le-kaddescho* (זָכוֹר אֶת יוֹם הַשַּׁבָּת לְקַדְּשׁוֹ ‘gedenke des Schabbat-Tages, ihn zu heiligen’) aus den Zehn Worten („Zehn Geboten“, *Schemot* 20:8-11).

Den vollen Text findet man im Siddur oder in einem Heft mit dem Tischgebet (siehe Seite 94). Der bereits für Freitagabend beschriebene Ablauf sei hier noch einmal kurz zusammengefasst:

☞ Man gießt einen Becher, der mindestens ein Rewi’it (ca. 86 ml) fasst, mit Wein voll und vergewissert sich, dass auf dem Tisch zwei ganze, mit einem Tuch bedeckte Challot liegen.

☞ Man hält den Weinbecher so, wie es beim Kiddusch am Freitagabend beschrieben wurde (siehe Seite 43). Nach den erwähnten Zitaten sagt man *sawri maranan* (סַבְרִי מָרָנָן ‘hört zu, meine Herren!’) und die Beracha *boreh peri ha-gáfen* (בּוֹרֵא פְּרִי הַגָּפֶן ‘der die Frucht des Weinstocks erschafft’).

☞ Danach trinkt derjenige, der Kiddusch gemacht hat, mindestens den größeren Teil des Weins und verteilt etwas Wein an alle.

☞ Nach dem Kiddusch wäscht man sich die Hände (siehe Seite 45), sagt die Beracha *ha-motzi léchem min ha-áretz* (הַמּוֹצִיא לֶחֶם מִן הָאָרֶץ ‘der Brot aus der Erde hervorbringt’) und isst ein Stück Challa, das in Salz getaucht wurde.

☞ Im Unterschied zum Freitagabend hält man die Challa auf der rechten Seite, die man zuerst anschneiden möchte, etwas **höher** als die linke Challa und nicht tiefer als sie.

Die Mahlzeit

Auch am Tag gilt die Mitzwa, den Schabbat durch feine und schmackhafte Speisen und Getränke zu ehren und zu genießen. Vor allem isst man gerne Fisch und Fleisch und trinkt Wein, und in vielen jüdischen Haushalten serviert man ein warmgehaltenes Eintopfgericht, das Sefardim *Chamin* und Aschkenasim *Tscholent* nennen.

Anstelle von *Asammer bi-sch'wachin* (siehe Seite 103) singt man während der Mahlzeit am Schabbat-Mittag gerne das ebenfalls von Rabbi Jitzchak Luria verfasste *Assadder li-s'udata* (אֲסַדֵּר לִסְעוּדָתָא 'Ruhm biete ich bei der Mahlzeit').

☞ Auch während dieser Mahlzeit sollte sich das Gespräch vor allem um den Wochenabschnitt und andere mit der Tora verbundene Themen drehen.

Nach der Mahlzeit wäscht man *Majim acharonim* und sagt – sofern drei erwachsene Männer anwesend sind – die Einladung zum Tischgebet (*Simmun*). Ins Tischgebet werden die Zusätze für Schabbat eingeschoben, *Retzeh we-hachalitzénu* (רְצֵה וְהַחֲלִיצֵנוּ 'möge es Dir gefallen, uns zu stärken') und *Ha-rachaman hu janchilénu* (הָרַחֲמָן הוּא יַנְחִילֵנוּ 'der Barmherzige, Er lasse uns zuteil werden'; siehe Seite 49).

Das Verbot, am Schabbat etwas für den nächsten Tag vorzubereiten

Wie bereits erwähnt (siehe Seite 37), ist es am Schabbat nicht erlaubt, Vorbereitungen für den nächsten Tag zu treffen. Unter anderem bedeutet das:

- Nach der letzten Schabbat-Mahlzeit darf man das benutzte Geschirr nicht abspülen.
- Wenn man Schabbat in einem Hotel oder bei Freunden verbringt, darf man die Koffer nicht schon vor Schabbat-Ausgang packen, um sofort danach abreisen zu können.
- Am Schabbat darf man nicht das Frühstück für den nächsten Morgen richten.

Was man am Schabbat tun soll – und was nicht

Tora-Lernen

Nach der Mahlzeit sollte man sich Zeit nehmen, Tora zu lernen. Obwohl alle am Schabbat Tora lernen sollen, gilt das besonders für Menschen, die während der Woche wegen ihrer Berufstätigkeit nicht dazu kommen.

Hundert Segenssprüche

Man sollte jeden Tag mindestens hundert Berachot sagen. Am Schabbat entfallen jedoch einige Segenssprüche, weil die Amida jeweils nur 7 statt 19 Berachot umfasst. Daher bemüht man sich, zwischendurch Obst oder andere Speisen zu essen, um tatsächlich auf hundert Berachot zu kommen.

Wer hat bestimmt, dass wir täglich hundert Berachot sagen sollen, und warum? Die Antwort darauf soll in dem Band *Judentum für Einsteiger – Der jüdische Alltag* gegeben werden.

Schlafen

Wenn jemand auch während der Woche üblicherweise einen Mittagsschlaf hält, so ist es kein Problem, wenn er am Schabbat schläft – im Gegenteil, denn wir haben ja gelernt: ***Sch**ena **b**e-schabbat **ta**’anug* (שֵׁינָה בְּשַׁבָּת תַּעֲנוּג ‘Schlaf am Schabbat ist ein Wonne’; siehe Seite 50). Wenn jemand jedoch nachmittags nur deshalb schlafen will, um **nach** Schabbat-Ausgang wach zu sein, ist das wegen dem Verbot der Vorbereitung auf den nächsten Tag nicht erlaubt.

Strom und Elektrogeräte

- Am Schabbat darf man elektrisches Licht weder ein- noch ausschalten.
- Ein Sensor, der automatisch ein Licht einschaltet, wenn man in die Nähe kommt, sollte vor Schabbat deaktiviert werden.
- Elektrogeräte aller Art dürfen weder ein- noch ausgeschaltet werden (z.B. Telefon, Digitalkamera, Computer, Mikrowelle, Klimaanlage usw).

Strom und Elektrogeräte

- Am Schabbat darf man elektrisches Licht weder ein- noch ausschalten.

- Ein Sensor, der automatisch ein Licht einschaltet, wenn man in die Nähe kommt, sollte vor Schabbat deaktiviert werden.
- Elektrogeräte aller Art dürfen weder ein- noch ausgeschaltet werden (z.B. Telefon, Digitalkamera, Computer, Mikrowelle, Klimaanlage usw).
- Elektrogeräte sind mukzeh, dürfen also nicht bewegt werden. Das gilt auch für alles Zubehör, wie Mehrfachstecker, Verlängerungsschnur, CDs, Speicherkarten usw.
- Man darf jedoch einen eingeschalteten Ventilator bewegen, um den Luftstrom in die gewünschte Richtung zu lenken. Man muss aber darauf achten, dass dabei der Stecker in der Steckdose bleibt, und es ist nicht erlaubt, die Geschwindigkeit zu verändern. (Entsprechendes gilt für eine bewegliche Heizung und Ähnliches, nicht aber für eine Lampe.)
- Eine Armbanduhr (auch eine batteriebetriebene) ist nicht mukzeh.
- Man darf einen „Schabbat-Fahrstuhl" benutzen (der automatisch auf jeder Etage hält); man sollte das aber möglichst vermeiden.

Freizeit

- Man darf am Schabbat nicht joggen oder Sportübungen machen (weder in einem Trainingsraum noch zu Hause) und sollte allgemein körperliche Anstrengung vermeiden.

- Man darf weder im Meer noch in einem Schwimmbecken schwimmen.
- Erwachsene sollten weder Ballspiele spielen noch ihnen zuschauen.
- Kartenspiele und andere Gesellschaftsspiele sind erlaubt – sofern man dabei nicht schreibt oder Spielgeld benutzt und sofern man die Schabbat-Atmosphäre wahrt.
- Man darf keine Fotos machen (auch wenn die Kamera rein mechanisch ist).
- Man darf kein Musikinstrument spielen und auch nicht mit Rasseln, Pfeifen, Glocken und dergleichen Klänge erzeugen.

Im Garten

- Wenn man am Schabbat im Garten isst, muss man sehr darauf achten, kein Wasser (oder andere Flüssigkeit) auf den Rasen oder die Erde zu verschütten. Daher sollte man besser darauf verzichten, im Garten zu essen.
- Man darf vor Schabbat-Beginn einen Rasensprenger anstellen, damit er den Garten bewässert. Am Schabbat darf man den Wasserhahn wieder zudrehen.
- Man darf am Schabbat keinerlei Arbeiten im Garten, an Bäumen, Blumen oder Rasen ausführen (z.B. säen, ernten, stutzen, bewässern, düngen, Unkraut jäten, besprühen oder beräuchern, Steine entfernen, Pflanzen ausreißen oder Ähnliches).
- Es ist verboten, auf Bäume zu klettern.

Außer Haus

- Am Schabbat rennt man nicht und macht keine großen Schritte, sondern geht gemütlich.
- Man darf nichts tun, was mit Bauen zusammenhängt, z.B. umgraben, den Boden ebnen, Zement gießen, Wände bauen, Nägel einschlagen und Ähnliches.
- Alle Gegenstände, die beim Bauen verwendet werden, sind mukzeh und dürfen nicht bewegt werden, z.B. Sandhaufen, Bretter, Gerüste, Arbeitsgerät usw.
- Einen Regenschirm öffnet oder schließt man nicht, und man benutzt ihn auch dann nicht, wenn er vor Schabbat geöffnet wurde.
- Bei Spaziergängen darf man nur bis zu ca. einem Kilometer aus dem Ort herausgehen. Zum genauen Verlauf dieser Schabbat-Grenze fragen Sie Ihren Rabbiner.
- Bevor man irgendeinen Gegenstand aus dem Haus auf die Straße trägt, muss man sich vergewissern, ob es einen Eruw gibt (siehe Seite 34).

Fahrzeuge

- Man darf nicht mit einem Fahrzeug (z.B. Fahrrad, Auto, Bus, Straßenbahn) fahren. Das gilt auch dann, wenn der Fahrer ein Nichtjude ist und ohnedies fährt.
- Fahrzeuge sind mukzeh und dürfen nicht bewegt werden.

Frauen

- Es ist nicht erlaubt, Kosmetika wie Rouge, Lippenstift usw. aufzutragen.
- Man darf keine Cremes und Salben verwenden.
- Nagellack ist nicht erlaubt.
- Gesichtspuder ist nicht verboten, sollte aber besser vermieden werden.
- Man darf die Haare nicht mit einem üblichen Kamm kämmen; man kann jedoch eine weiche Bürste benutzen, mit der keine Haare ausgerissen werden.
- Es ist verboten, Zöpfe zu flechten oder aufzulösen.
- Einen Scheitel im Haar darf man mit den Fingern ziehen, nicht jedoch mit Kamm oder Bürste.
- Man darf Schmuck aller Art tragen (Ketten, Armbänder, Ohrringe usw.).

Kinder

- Kinder dürfen – in einem privaten Bereich oder wenn es einen Eruw gibt (siehe Seite 34) – auf einer harten Oberfläche mit einem Ball spielen, der nicht aufgeblasen werden muss.
- Kinder dürfen – wiederum in einem privaten Bereich oder wenn es einen Eruw gibt – mit einem Roller oder Spielauto mit harten Reifen fahren. Ein Fahrrad mit Luftreifen ist dagegen nicht erlaubt, weil die Gefahr

besteht, dass man einen platten Reifen verbotenerweise repariert.

- Kinder dürfen in einem Sandkasten spielen.
- Puppen mit einer Batterie und andere elektrische Spielzeuge sind nicht erlaubt.
- Spiele, bei denen Klebstoff oder Aufkleber verwendet werden müssen, sind nicht gestattet.
- Man darf keine Spiele spielen, bei denen man schreiben oder malen muss.
- Puzzles sowie Legespiele mit Buchstaben oder Zahlen sind erlaubt, wenn die Teile nur nebeneinander gelegt und nicht ineinander eingehakt werden.
- Man sollte weder „Monopoly" noch andere Spiele spielen, bei denen es um das Gewinnen oder Verlieren von Spielgeld oder Ähnlichem geht.
- Das Spielen mit Knetmasse ist nicht gestattet.
- Wenn man Spielsachen wegräumt, darf man sie nicht sortieren; erst nach Schabbat legt man jedes Teil an den richtigen Platz.

Säuglinge

- Für Säuglinge (oder andere Menschen, die nicht normal essen können) darf man Obst und Gemüse in kleine Stücke schneiden oder zerdrücken, aber man sollte dafür einen Löffel oder eine Gabel verwenden und nicht ein besonders dafür bestimmtes Gerät.

- Feuchttücher, die eine nennenswerte Menge an Flüssigkeit enthalten, sollte man möglichst nicht verwenden, weil es am Schabbat verboten ist, etwas auszuwringen.
- Man darf ein Kleinkind mit Wasser waschen, das seit vor Schabbat warm gehalten wurde, aber man darf keinen Schwamm, Waschlappen o.ä. benutzen.
- Ebenso darf man ein Kleinkind mit den Händen einölen, aber man darf das Öl nicht auf ein Tuch oder einen Wattebausch geben und damit verteilen.
- Babypuder darf verwendet werden.
- Salben aller Art dürfen nicht auf der Haut verstrichen werden. Falls medizinisch nötig, darf man die Salbe auf die gewünschte Stelle auftragen, ohne sie zu verstreichen.

Kleidung

- Man darf weder waschen noch bügeln. Daher sind Waschmittel mukzeh.
- Man darf Kleidung nicht in Wasser einweichen. Das gilt auch für Windeln und schmutzige Kleider von Kleinkindern.
- Nasse Wäsche darf man nicht zum Trocknen aufhängen. Ein Kleidungsstück, das vor Schabbat zum Trocknen aufgehängt wurde, darf man abnehmen und anziehen, wenn es bei Schabbatbeginn schon trocken war.
- Es ist verboten, Flecken aus einem Kleidungsstück zu entfernen.
- Wenn Kleidung z.B. an einer Wand staubig geworden

ist, darf man den Staub nicht ausbürsten oder heftig abschütteln, sondern nur leicht abklopfen.

- Man darf Kleider nicht genau in die Falten zusammengelegen (zum Beispiel den Tallit nach dem Gebet).
- Einen Krawattenknoten sollte man nicht am Schabbat machen, sondern schon vorher. Wenn man die Krawatte am Schabbat aus- und wieder anziehen möchte, sollte man den Knoten dabei nicht öffnen.

Tiere

- Tiere sind generell mukzeh. Das gilt auch für Fische in einem Teich oder Aquarium. Einem Tier, das leidet, darf man helfen und es z.B. befreien, wenn es in einer Schachtel oder in einer Grube o.ä. gefangen ist, aber ohne es anzufassen.
- Man darf Tiere nicht fangen, selbst wenn man sie nicht tötet (z.B. Fliegen oder Mücken). Daher darf man keine Mausefalle oder dergleichen aufstellen.
- Gefährliche Tiere (z.B Giftschlangen) darf man fangen und sogar töten.
- Man darf mit einem Haushund spazieren gehen, muss dabei aber bestimmte Punkte beachten, die Ihnen Ihr Rabbiner erklären kann.

Gesundheit

- Jemand, der so krank ist, dass er sich ins Bett legen muss, oder durch Schmerzen o.ä. so geschwächt und beeinträchtigt ist, dass er nicht mehr normal funktioniert, darf am Schabbat Medikamente jeder Art (Tabletten, Sirup usw.) einnehmen.

- Beim Herausnehmen von Medikamenten aus der Verpackung muss man darauf achten, keine Buchstaben zu zerreißen.
- Man darf mit einem normalem Quecksilberthermometer Fieber messen; dagegen sollte ein elektrisches Thermometer nicht verwendet werden.
- Eine blutende Wunde sollte mit einem dafür bestimmten Material verbunden werden (Pflaster, Gaze usw.).
- Man darf weder auf dem Verband noch auf der Wunde eine Salbe verstreichen. Wenn es dringend notwendig ist, kann man behutsam etwas Salbe auf den Verband geben, ohne sie zu verstreichen.
- Bei starken Augen- oder Ohrenschmerzen darf man entsprechende Tropfen verwenden. (Das gilt auch für jemanden, der Kontaktlinsen trägt und unter trockenen Augen leidet.)
- Die Vorschriften für eine schwangere Frau, eine Gebärende und eine Stillende sollen in dem geplanten Band Judentum für Einsteiger – Das Leben der jüdischen Frau dargestellt werden.
- Wichtiger Hinweis: Wenn bei einem Kranken auch nur der geringste Verdacht auf Lebensgefahr besteht, darf und muss man sämtliche Schabbat-Verbote übertreten, um ihn zu retten, z.B. telefonisch einen Krankenwagen

herbeirufen, Wasser kochen, den Raum heizen, mit dem Auto fahren, um Hilfe zu holen usw.

Trauer und Fasten

- Am Schabbat liest man nichts, was einem Sorgen bereiten könnte.
- Ebenso spricht man nicht über Dinge, die Kummer bereiten könnten, wie zum Beispiel den Tod nahestehender Menschen.
- Am Schabbat darf man nicht fasten.

Alltägliche Dinge, die am Schabbat verboten sind

- Man spricht nicht über Vorhaben, die am Schabbat verboten sind, z.B. dass man mit dem Auto fahren, mit dem Flugzeug fliegen oder einen Brief schreiben möchte.
- Man sollte keine Rezepte für Gerichte lesen, die man am Schabbat nicht zubereiten darf.
- Man darf keine Kontoauszüge, Rechnungen und andere finanzielle Dokumente lesen oder finanzielle Berechnungen anstellen.
- Man liest keine Fachbücher oder Fachartikel zu geschäftlichen oder beruflichen Zwecken, die am Schabbat nicht gestattet sind.

Weitere Verbote

- Es ist verboten, am Schabbat zu rauchen.
- Man darf am Schabbat nichts kaufen oder verkaufen.

Was das für den Internethandel bedeutet, fragen Sie bei Bedarf Ihren Rabbiner.

- Man darf am Schabbat nicht schreiben oder zeichnen (und auch nicht Schrift oder Zeichnungen auslöschen) – weder auf Papier oder auf einer Tafel noch auch in Sand, auf einer beschlagenen Fensterscheibe o.ä.
- Toilettenpapier sollte man vor Schabbat in Stücke reißen oder Kosmetiktücher verwenden, die nicht aneinander hängen. Im Notfall darf man Toilettenpapier auf unübliche Art von der Rolle abreißen, aber nicht an der Perforation.
- Man darf weder nähen noch einen Faden abschneiden oder eine Naht auftrennen.
- Man darf keinen Klebstoff oder Klebstreifen verwenden.
- Das bereits erwähnte Verbot, Salben und Cremes zu verstreichen, gilt auch für Zahnpasta, Schuhcreme und dergleichen.

Mincha (Nachmittagsgebet)

Die Zeit des Mincha-Gebets am Schabbat ist eine besondere Zeit, in der der Schöpfer Gebete lieber und leichter erhört. Man vergleicht es sogar mit dem Schlussgebet *Ne'ila* an Jom Kippur.

Wie an Wochentagen kann man Mincha am Schabbat ab einer halben Stunde nach Tagesmitte bis zum Sonnenuntergang beten.

☞ Das Mincha-Gebet beginnt wie wochentags mit Abschnitten über die Opfer (*Korbanot*) und das Räucherwerk (*Ketóret*) sowie *Aschrej joschewej wejtécha* (אַשְׁרֵי יוֹשְׁבֵי בֵיתֶךָ ‘glücklich sind die, die in Deinem Haus wohnen’); hinzu kommt noch *U-wa le-Zijon go’el* (וּבָא לְצִיּוֹן גּוֹאֵל ‘und ein Erlöser wird zu Zion kommen’).

☞ Der Vorbeter sagt das halbe Kaddisch. Darauf folgt *Wa-ani tefillati lecha HASCHEM et ratzon* (וַאֲנִי תְפִלָּתִי לְךָ ה’ עֵת רָצוֹן ‘möge mein Gebet zu Dir, Ewiger, zu einer günstigen Zeit sein’).

Dieser Vers bringt zum Ausdruck, dass wir, das Volk Israel, uns von anderen Völkern der Welt unterscheiden. Denn obwohl wir bei den Schabbat-Mahlzeiten gut essen und trinken, achten wir darauf, dass wir gegen Ende des Tages noch nüchtern und wach genug sind, um in die Synagoge zu gehen, zu beten und G”tt für all das Gute, das Er uns gegeben hat, zu danken.

Die Tora-Lesung

Der Tora-Schrank wird geöffnet, und man sagt *Wajhi binsóa ha-aron* (וַיְהִי בִּנְסֹעַ הָאָרֹן ‘wann immer die Bundeslade aufbrach’) sowie *Berich schemeh* (בְּרִיךְ שְׁמֵהּ ‘gesegnet sei der Name’). Dann fordert der Vorbeter die Gemeinde auf: *Gaddelu LASCHEM itti* (גַּדְּלוּ לַה’ אִתִּי ‘erhebet den Ewigen mit mir’). Darauf antwortet die Gemeinde mit den Abschnitten *Lecha HASCHEM ha-gedulla* (לְךָ ה’ הַגְּדֻלָּה ‘Dein, Ewiger, ist die Größe') und *Aw ha-rachamim* (אָב הָרַחֲמִים 'der Vater des Erbarmens').

Bei Mincha am Schabbat werden drei Männer zur Tora-Lesung aufgerufen, normalerweise Kohen – Levi – Jissra'el. Gelesen wird der Anfang des nächsten Wochenabschnitts. Zum Beispiel liest man am Schabbat *Bereschit* bei Mincha den Anfang des Wochenabschnitts *Nóach*.

☞ Nach der Lesung sagt man **nicht** das halbe Kaddisch, sondern es folgt sofort das Hochheben (*Hagbaha*) und Zusammenrollen (*Gelila*) der Tora-Rolle.

Anschließend sagt der Vorbeter am Vorbeterpult (*Ammud*) das halbe Kaddisch; beim *Amen* der Gemeinde am Ende des Kaddischs wird die Tora-Rolle von demjenigen, der sie hochgehoben hat, zurückgetragen. Zum Abschluss sagt der Vorbeter *Jehalelu* (יְהַלְלוּ 'rühmen sollen sie'), und die Gemeinde antwortet *Hodo al éretz we-schamájim* (הוֹדוֹ עַל אֶרֶץ וְשָׁמָיִם 'Sein Abglanz ist auf der Erde und den Himmeln'). Nachdem der Tora-Schrank geschlossen wurde, beginnt das Amida-Gebet.

Atta echad (אַתָּה אֶחָד 'Du bist einzig')

Auch bei Mincha besteht die Amida aus den drei festen Berachot am Anfang und am Ende und einer mittleren Beracha, die dem Schabbat gewidmet ist. Dieser Segensspruch beginnt mit den Worten *Atta echad we-schimcha echad* (אַתָּה אֶחָד וְשִׁמְךָ אֶחָד 'Du bist einzig, und Dein Name ist einzig') und spricht zunächst von der besonderen Verbindung zwischen dem Volk Israel, dem Schabbat und dem Schöpfer. Alle drei sind schon für sich „einzig“, vereinen sich aber auch zu einer Verbindung, die „einzig“ ist.

Dann erinnern wir an die drei Stammväter Awraham, Jitzchak und Ja'akow, denen es sicher große Freude bereitet, zu sehen, wie ihre Nachfahren den Schabbat in Liebe zu G”tt und Vertrauen auf Ihn als Ruhetag halten.

Wir beenden die mittlere Beracha mit *Elokéjnu w-Elokej awotéjnu* (אֱלוֹקֵינוּ וֵאלֹקֵי אֲבוֹתֵינוּ ‘unser G”tt und G”tt unserer Väter’) und *Baruch atta HASCHEM, mekaddesch ha-schabbat* (בָּרוּךְ אַתָּה ה' מְקַדֵּשׁ הַשַּׁבָּת ‘gesegnet seist Du, Ewiger, der den Schabbat heiligt’; siehe Seite 37).

☞ Nachdem alle die Amida leise gesagt haben, wiederholt sie der Vorbeter laut; wie üblich antwortet ihm die Gemeinde in der Keduscha und spricht während seinem *Modim* das *Modim de-Rabbanan*.

Das Ende des Gebets

Nach der Wiederholung durch den Vorbeter sagt man drei Verse, die mit dem Wort *Zidkatcha* (צִדְקָתְךָ ‘Deine Gerechtigkeit’) beginnen: *Zidkatcha ke-harerej Kel* (צִדְקָתְךָ כְּהַרְרֵי קֵל ‘Deine Gerechtigkeit ist [so groß] wie die mächtige Berge’), *We-zidkatcha Elokim* (וְצִדְקָתְךָ אֱלֹקִים ‘Deine Gerechtigkeit, G”tt’), *Zidkatcha zédek le-olam* (צִדְקָתְךָ צֶדֶק לְעוֹלָם ‘Deine Gerechtigkeit ist andauernde Gerechtigkeit’).

☞ *Zidkatcha* wird nicht an Tagen gesagt, an denen wochentags das Tachanun entfällt, z.B. an Rosch Chodesch. Da man Tachanun schon zu Mincha vor Rosch

Chodesch nicht mehr sagt, lässt man *Zidkatcha* auch dann weg, wenn am Sonntag Rosch Chodesch ist.

Zum Schluss spricht der Vorbeter das ganze Kaddisch, und alle sagen *Aléjnu le-schabbéach* (עָלֵינוּ לְשַׁבֵּחַ 'an uns ist es, zu rühmen').

Pirkej Awot (Sprüche der Väter)

Es ist üblich, vom Schabbat nach Pessach bis Rosch ha-Schana nach Mincha ein Kapitel aus dem Mischna-Traktat *Awot* zu lesen, das man auch *Pirkej Awot* (Sprüche der Väter) nennt.

Während die anderen Mischna-Traktate von gesetzlichen Vorschriften handeln, lehren die Sprüche der Väter Ethik, gute Eigenschaften und Anstand. Sich mit solchen Themen zu beschäftigen, passt gut in die Zeit von Sommer und Urlaub, in der eine etwas lockerere Stimmung zu herrschen pflegt; das Studium dieses Traktats hilft uns, auch dann gute Eigenschaften und Ehrfurcht vor G"tt zu bewahren.

☞ Vor und nach dem Kapitel sagt man je eine Mischna: *Kol Jissra'el jesch lahem chélek la-olam ha-ba* (כָּל יִשְׂרָאֵל יֵשׁ לָהֶם חֵלֶק לְעוֹלָם הַבָּא 'ganz Israel hat einen Anteil an der künftigen Welt', *Sanhedrin* 11:1), und *Rabbi Chananja ben Akaschja omer* (רַבִּי חֲנַנְיָא בֶּן עֲקַשְׁיָא אוֹמֵר 'Rabbi Chananja, Sohn des Akaschja, sagt', *Makkot* 3:16).

Se'uda Schelischit (Dritte Mahlzeit)

Es ist eine Pflicht, am Schabbat drei Mahlzeiten zu sich zu nehmen: die erste am Freitagabend nach Ma'ariw;

die zweite morgens nach Schacharit und Mussaf und die dritte nach Mincha. Diese dritte Mahlzeit, die man *Se'uda Schelischit* (fälschlich oft *Se'udat Schelischit*) oder auf Jiddisch *Schaleschúdes* (eigentlich'drei Mahlzeiten') nennt, unterscheidet sich jedoch von den beiden ersten:

- Man macht keinen Kiddusch über Wein.
- Es ist wünschenswert, aber nicht notwendig, Brot zu essen (möglichst mit *Léchem Mischneh*, siehe Seite 45); wenn einem eine Brotmahlzeit zu viel ist, genügen andere Getreideprodukte, Fleisch oder Fisch oder sogar Obst, um die Pflicht zu erfüllen.

Während der Se'uda Schelischit singt man *Mismor le-David, HASCHEM ro'i* (מִזְמוֹר לְדָוִד ה' רוֹעִי לֹא אֶחְסָר 'ein Psalm von David: Der Ewige ist mein Hirte, mir wird es an nichts fehlen'), *Atkinu se'udata* (אַתְקִינוּ סְעוּדָתָא 'bereitet das Mahl') sowie die Hymne *Benej hejchala* (בְּנֵי הֵיכָלָא 'ihr, die Fürsten des Palastes'). Die Texte findet man im Siddur oder in Semirot-Büchlein (Heften mit Schabbat-Liedern).

Man sollte die Seu'da Schelischit vor Sonnenuntergang beginnen. Man darf sie dann auch **nach** Sonnenuntergang fortsetzen, sofern es sich um eine Mahlzeit mit Brot handelt.

☞ In diesem Fall muss man im Tischgebet sogar nach Schabbat-Ausgang die Einschübe für Schabbat sagen (*Retzeh* und *Ha-rachaman*, siehe Seite 49), weil diese Mahlzeit halachisch noch zum Schabbat gehört.

Ra'awa de-Ra'awin

Gegen Ende erreicht der Schabbat den Höhepunkt seiner Heiligkeit, und das Buch *Sohar* bezeichnet die Zeit zwischen Mincha und Ma'ariw als *Ra'awa de-Ra'awin* (רַעֲוָא דְרַעֲוִין 'höchster Wille'). Damit ist gemeint, dass G"tt dann mehr als sonst bereit ist, unsere Gebete zu erhören, und es leichter ist, mit Ihm in Verbindung zu treten.

In vielen Synagogen ist es üblich, die Se'uda Schelischit gemeinsam zu verbringen, besondere Lieder und Melodien (*Niggunim*) zu singen und einen Lernvortrag (*Schi'ur*) des Rabbiners (oder einer anderen Person) zu hören.

Das Ende des Schabbats

Ma'ariw (Abendgebet)

Der Schabbat geht eigentlich zu Ende, wenn drei Sterne am Himmel zu sehen sind. Aber es ist richtig und allgemein üblich, den Schabbat etwas länger hinauszuziehen. So bewahren wir die besondere Schabbat-Stimmung noch ein wenig und trennen uns vom Schabbat mit dem Gefühl, dass wir gerne noch länger geblieben wären.

☞ Das Abendgebet beginnt typischerweise 5-10 Minuten nach Nachteinbruch, dem Zeitpunkt, zu dem drei Sterne zu sehen sind. (Dafür gibt es verschiedene Berechnungsverfahren. Fragen Sie nach, welches Ihre Gemeinde verwendet, damit Sie auf Internetseiten oder in Computerprogrammen die richtige Option wählen können.)

Das Abendgebet ist weitgehend das gleiche wie jeden Tag: Es beginnt mit *We-hu rachum* (וְהוּא רַחוּם 'Er aber, barmherzig') und *Barechu* (בָּרְכוּ 'segnet'); dann folgen das *Schema Jissra'el* („Höre, Israel!") mit seinen Segenssprüchen und die Schemoneh Essreh (Amida).

In der Amida wird in die vierte Beracha, *Atta chonen le-adam dá'at* (אַתָּה חוֹנֵן לְאָדָם דַּעַת 'in Deiner Gnade gewährst Du Wissen dem Menschen'), ein besonderer Abschnitt für den Schabbat-Ausgang eingefügt, *Atta chonantánu le-madda toratécha* (אַתָּה חוֹנַנְתָּנוּ לְמַדַּע תּוֹרָתֶךָ 'Du hast uns gnädig mit der Fähigkeit ausgestattet, Deine Tora zu kennen'). Darin bitten wir G"tt darum, er möge uns eine gute und gesegnete

Woche schenken, eine Woche voller Mitzwot und frei von Verfehlungen.

Diesen Einschub sagen wir gezielt in der Beracha *Atta chonén le-adam* ***dá'at*** ('in Deiner Gnade gewährst Du **Wissen** dem Menschen'), denn dank Weisheit und Wissen können wir die besondere Größe des Schabbats erkennen und zwischen Schabbat und Wochentag unterscheiden.

☞ Nach der Amida gibt es keine Wiederholung durch den Vorbeter, sondern er sagt das halbe Kaddisch.

Nach dem Kaddisch sagen wir im Stehen einige besondere Abschnitte für den Schabbat-Ausgang:

- *Wihi nó'am HASCHEM Elokéjnu aléjnu … u-ma'asseh jadéjnu konenéhu* (וִיהִי נֹעַם ה' אֱלֹקֵינוּ עָלֵינוּ … וּמַעֲשֵׂה יָדֵינוּ כּוֹנְנֵהוּ 'das Wohlgefallen des Herrn, unseres G"ttes, sei über uns … festige das Werk unserer Hände', *Tehillim* 90:17).
- Psalm 91: *Joschew be-séter eljon* (יֹשֵׁב בְּסֵתֶר עֶלְיוֹן 'du, der du im Schutz des Allerhöchsten weilst'). Der letzte Vers, *Órech jamim assbi'éhu we-ar'éhu bischu'ati* (אֹרֶךְ יָמִים אַשְׂבִּיעֵהוּ וְאַרְאֵהוּ בִּישׁוּעָתִי 'mit langem Leben sättige Ich ihn und zeige ihm Meine Befreiung'), wird wiederholt.
- *We-atta kadosch* (וְאַתָּה קָדוֹשׁ 'und Du, Heiliger'). Diesen Abschnitt, der verschiedene Themen aus dem Bereich des Gebets aufgreift, kennen wir vom Anfang von Mincha am Schabbat (siehe Seite 159) und vom Ende von Schacharit an Wochentagen (siehe *Judentum*

für Einsteiger – Synagoge und Gebet, Seite 153-155). Am Schabbat-Ausgang entfällt die Einleitung *U-wa le-Zijon go'el* (וּבָא לְצִיּוֹן גּוֹאֵל 'und ein Erlöser wird zu Zion kommen').

Wenn in die nun beginnende Woche ein Feiertag fällt (Rosch ha-Schana, Pessach, Schawuot usw.), so sagt man diese Abschnitte nicht, sondern geht sofort weiter zu *Aléjnu le-schabbéach* (עָלֵינוּ לְשַׁבֵּחַ 'an uns ist es, zu rühmen'). Der Grund dafür ist, dass der erste Abschnitt, *Wihi nó'am*, vom „Werk unserer Hände" in den kommenden sechs Wochentagen spricht. Wenn in die Woche ein Feiertag fällt, liegen aber keine sechs aufeinander folgenden Tage von Arbeit vor uns.

Danach sagt der Vorbeter das ganze Kaddisch, und das Gebet geht mit *Aléjnu le-schabbéach* (עָלֵינוּ לְשַׁבֵּחַ 'an uns ist es, zu rühmen') zu Ende.

Motza'ej Schabbat (Schabbat-Ausgang)

Die Bezeichnung *Motza'ej Schabbat* wird nicht nur für das Schabbat-Ende, sondern auch für die Zeit von dann bis zum Morgengrauen am Sonntag verwendet. Nach dem Schabbat-Ende macht man normalerweise zu Hause Hawdala über Wein (siehe den folgenden Abschnitt). Es ist auch üblich, eine besondere Mahlzeit zu essen, die man *Melaweh Malka* 'Begleitung der Königin' nennt (siehe Seite 182).

- Vom Schabbat-Ende an darf man bis nach Hawdala nicht essen oder trinken.

- Eine der am Schabbat verbotenen Tätigkeiten (*Melachot*, siehe Seite 24, z.B. Licht anmachen oder die Hawdala-Kerze anzünden) darf man zwischen Schabbat-Ende und Hawdala verrichten, sofern man in Ma'ariw *Atta chonantánu* gesagt hat. Hat man es (noch) nicht gesagt, so genügt der Satz *Baruch ha-mawdil bejn kódesch le-chol* (בָּרוּךְ הַמַּבְדִּיל בֵּין קֹדֶשׁ לְחוֹל 'gesegnet, der zwischen Heiligem und Profanem unterscheidet') **ohne** *atta HASCHEM* ('אַתָּה ה 'seist Du, Ewiger'), um Melacha verrichten zu dürfen (aber nicht, um essen und trinken zu dürfen).
- Frauen, die nicht in der Amida *Atta chonantánu* sagen, weil sie nicht zum Abendgebet verpflichtet sind, müssen nach Schabbat-Ende *Baruch ha-mawdil* … sagen, ehe sie irgendeine Melacha verrrichten.

Hawdala

Die Tora gebietet uns, des Schabbats zu gedenken und ihn zu heiligen (siehe Seite 18) – sowohl am Beginn als auch am Ende. Am Anfang des Schabbats machen wir Kiddusch vor der Abendmahlzeit, und nach Schabbat-Ausgang sprechen wir in der Hawdala vom Unterschied zwischen dem heiligen Schabbat und den Wochentagen. Wir tun das im Ma'ariw-Gebet (im Rahmen der vierten Beracha) und noch einmal zu Hause (mit einer eigenen Beracha).

Die häusliche Hawdala wird wie der Kiddusch über einen Becher Wein gesagt. Außerdem sprechen wir noch noch zwei besondere Segenssprüche, *boreh minej wessamim* (בּוֹרֵא מִינֵי בְשָׂמִים 'der die Arten der Gewürze erschafft') über wohlriechende Kräuter (*Bessamim*) und *boreh me'orej ha-esch* (בּוֹרֵא מְאוֹרֵי הָאֵשׁ 'der die Strahlen des Feuers erschafft') über eine „Fackel", d.h. eine Kerze mit mehreren Dochten.

☞ Wenn man keine Möglichkeit hat, Hawdala über Wein (oder Traubensaft oder ein anders geeignetes Getränk) zu machen oder zu hören, und nicht warten kann, bis man Wein bekommt, darf man sich auf *Atta chonantánu* in Ma'ariw verlassen und danach essen und trinken.

☞ Wer aus irgendeinem Grund nicht nach Schabbat-Ausgang Hawdala über Wein machen konnte, kann das bis Dienstag nachholen.

Warum wohlriechende Kräuter?

Am heiligen Schabbat erhält jeder Jude eine zusätzliche Seele (*Neschama jetera*, siehe Seite 17), dank der er die Heiligkeit des Schabbats spüren kann. Wenn der Schabbat zu Ende geht, verlässt uns diese besondere Seele, und uns bleibt nur unsere gewöhnliche, alltägliche Seele.

Unsere Weisen haben den Brauch eingeführt, nach Schabbat-Ausgang an wohlriechenden Kräutern zu riechen, um die uns verbleibende gewöhnliche Seele sozusagen zu trösten – denn sie ist nun traurig darüber, dass ihre „Freundin" sie verlassen hat und sie wieder allein ist. Durch den guten Duft bringen wir ihr Freude und Genuss, denn der Geruchssinn hat mehr als die übrigen Sinne eine direkte Verbindung zur Seele.

Warum Feuer?

In der Tora ist das Feuermachen das Musterbeispiel für alle am Schabbat verbotenen Tätigkeiten: „Ihr sollt in all euren Wohnsitzen am Schabbat-Tag kein Feuer anzünden" (*Schemot* 35:3). Wenn der Schabbat zu Ende ist, zünden wir daher ein Feuer an, um allen zu zeigen, dass diese Tätigkeit von jetzt an wieder erlaubt ist, nachdem sie den ganzen Schabbat über verboten war.

Und noch ein weiterer Grund:

Nachdem der erste Mensch am sechsten Schöpfungstag erschaffen worden war, erhellte der Ewige ihm die Welt während des ganzen Schabbats. Als der Schabbat zu Ende war und die Welt zum ersten Mal im Dunkel verschwand, erschrak der Mensch und suchte nach irgendeiner Lichtquelle. Der Schöpfer zeigte ihm zwei Steine, gab ihm den Verstand, sie gegeneinander zu reiben, und so wurde nach dem ersten Schabbat-Ausgang in der Geschichte der Welt ein Feuer angezündet. Als der Mensch das sah, dankte er G"tt dafür, dass Er das Feuer erschaffen hatte. Zur Erinnerung daran sagen wir die Beracha „der die Strahlen des Feuers erschafft".

Vor Hawdala

Vor Hawdala legt man bereit: einen Becher mit einem Untersetzer, Wein (oder Traubensaft), wohlriechende Kräuter (zum Beispiel: Pfefferminzblätter, Nelken o.ä.) und eine Kerze mit mindestens zwei Dochten (siehe www.booksnbagels.com/hawdala; ersatzweise kann man zwei Kerzen oder Streichhölzer nehmen, die man aneinanderhält).

☞ Wie schon erwähnt, darf man bis nach Hawdala nicht essen oder trinken.

- Im Unterschied zum Kiddusch darf man Hawdala auch mit Bier oder – nach manchen Meinungen – mit Kaffee machen. (Halachisch ist jedes Getränk geeignet, mit dem man Gäste ehrenvoll bewirten würde.)
- Es ist üblich, dass der Hausherr oder ein anderer Erwachsener für alle Anwesenden Hawdala macht und sie ihre Pflicht erfüllen, indem sie zuhören und *Amen* antworten.

Der Ablauf der Hawdala

Abgesehen von den soeben erwähnten Abweichungen gelten für die Hawdala die gleichen Vorschriften wie für den Kiddusch (siehe Seite 92).

☞ Es ist üblich, den Becher so weit mit Wein zu füllen, dass er etwas überläuft. Das ist ein Symbol für den Segen und die Fülle, die wir uns wünschen.

Derjenige, der Hawdala macht, nimmt den Becher so in die Hand wie beim Kiddusch und sagt den einleitenden Abschnitt: *Hinneh Kel jeschu'ati, ewtach we-lo efchad ...* (הִנֵּה קֵל יְשׁוּעָתִי, אֶבְטַח וְלֹא אֶפְחָד ‘ja, G"tt ist meine Erlösung, ich bin zuversichtlich und fürchte mich nicht’).

☞ Nach *ha-mélech ja'anénu we-jom kor'énu* (הַמֶּלֶךְ יַעֲנֵנוּ בְיוֹם קָרְאֵנוּ ‘möge uns der König am Tag unseres Rufens erhören’) sagen alle Zuhörer zusammen: *La-Jehudim hajeta ora we-simcha we-sasson w-ikar, ken tihjeh lánu* (לַיְּהוּדִים הָיְתָה אוֹרָה וְשִׂמְחָה וְשָׂשׂוֹן וִיקָר, כֵּן תִּהְיֶה לָּנוּ ‘für die

Juden gab es Licht und Freude, Fröhlichkeit und Ehre, so sei es auch bei uns'). Derjenige, der Hawdala macht, wiederholt das und beendet die Einleitung mit *Koss jeschu'ot essa u-w-schem HASCHEM ekra* (כּוֹס יְשׁוּעוֹת אֶשָּׂא וּבְשֵׁם ה' אֶקְרָא 'den Kelch der Erlösung hebe ich hoch und verkünde den Namen des Ewigen').

Nun folgt die Beracha *Baruch atta ... boreh peri ha-gáfen* (בָּרוּךְ אַתָּה ... בּוֹרֵא פְּרִי הַגָּפֶן 'gesegnet seist Du, ... der die Frucht des Weinstocks erschafft'), auf die die Zuhörer *Amen* antworten. Man stellt den Becher ab (oder nimmt ihn in die linke Hand), ohne davon zu trinken.

Die nächste Beracha lautet: *Baruch atta ... boreh minej wessamim* (בָּרוּךְ אַתָּה ... בּוֹרֵא מִינֵי בְשָׂמִים 'gesegnet seist Du, ... der die Arten der Gewürze erschafft'). Alle antworten *Amen*, und jeder nimmt die Gewürze in die rechte Hand und riecht daran.

Auf die dritte Beracha, *Baruch atta ... boreh me'orej ha-esch* (בָּרוּךְ אַתָּה ... בּוֹרֵא מְאוֹרֵי הָאֵשׁ 'gesegnet seist Du, ... der die die Strahlen des Feuers erschafft'), antworten wiederum alle *Amen*. Alle halten die Hände ans Licht und beobachten, wie es auf die Fingernägel und Handflächen scheint.

Anschließend nimmt derjenige, der Hawdala macht, den Weinbecher wieder in die rechte Hand und sagt die eigentliche Hawdala: *Baruch atta ... ha-mawdil bejn kódesch le-chol* (בָּרוּךְ אַתָּה ... הַמַּבְדִּיל בֵּין קֹדֶשׁ לְחוֹל 'gesegnet seist Du, ... der unterscheidet zwischen Heiligem und Profanem'). Alle antworten *Amen*, und er setzt sich, um den größten Teil des Rewi'it Wein zu trinken.

Möchten Sie eine Gedächtnisstütze für die Reihenfolge bei der Hawdala? Hier sind zwei:

Die Anfangsbuchstaben der hebräischen Bezeichnungen der Segenssprüche bilden den Städtenamen *Jawneh* (יבנה): י steht für יַיִן (*Jájin* 'Wein'), ב für בְּשָׂמִים (***B**essamim* 'Gewürze'), נ für נֵר (***N**er* 'Licht'), ה für הַבְדָּלָה (***H**awdala* 'Unterscheidung').

Die Segenssprüche entsprechen den Teilen des Gesichts von unten nach oben: Den Wein trinken wir mit dem **Mund**, die wohlriechenden Kräuter riechen wir mit der **Nase**, das Licht sehen wir mit den **Augen**, und die Hawdala machen wir mit dem Verstand, der seinen Sitz im **Gehirn** hat.

Nach Hawdala

Die Hawdala-Kerze wird gelöscht, indem man sie in den übergelaufenen Wein im Untersetzer taucht und etwas vom Rest Wein im Becher darüber gießt. Das soll deutlich machen, dass die Kerze für die Mitzwa von Hawdala angezündet wurde.

☞ Derjenige, der den Wein getrunken hat, muss daran denken, die Nach-Beracha zu sagen: *Baruch atta ... al ha-géfen we-al peri ha-géfen* (בָּרוּךְ אַתָּה ... עַל הַגֶּפֶן וְעַל פְּרִי הַגֶּפֶן 'gesegnet seist Du ... für den Wein und die Frucht des Weinstocks').

☞ Im Unterschied zum Kiddusch wird der Wein nicht an alle Anwesenden weitergereicht.

Weit verbreitet ist der Brauch, die beiden kleinen Finger in den übrig gebliebenen Wein zu tauchen und damit über die Augen zu streichen. Das zeigt, wie lieb einem die Mitzwa ist, und soll auch gut für die Augen sein. Einige sagen dabei *Mitzwat HASCHEM bara, me'irat ejnájim"* (מִצְוַת ה׳ בָּרָה מְאִירַת עֵינָיִם 'die Mitzwa des Ewigen ist klar und erleuchtet die Augen', *Tehillim* 19:9), und manche stecken ihre mit Wein angefeuchteten Finger in die Taschen, als gutes Vorzeichen für materielles Wohlergehen.

☞ Vielerorts singt man nach Hawdala besondere Gesänge (*Semirot*) für Motza'ej Schabbat.

We-jitten lecha ha-Elokim (וְיִתֶּן לְךָ הָאֱלֹקִים 'G"tt gebe dir')

Nach der Hawdala sagt man mehrere Abschnitte, die im Siddur stehen und mit *We-jitten lecha ha-Elokim* (וְיִתֶּן לְךָ הָאֱלֹקִים 'G"tt gebe dir') anfangen. Wir zitieren zunächst Segenswünsche, die unsere Stammväter Jitzchak und Ja'akow ihren Kindern mitgaben, unter anderem den bekannten Vers *Ha-mal'ach ha-go'el oti* (הַמַּלְאָךְ הַגֹּאֵל אֹתִי 'der Bote G"ttes, der mich erlöst', *Bereschit* 48:16). Es folgen Verheißungen G"ttes für das Volk Israel, wenn es auf dem rechten Weg bleibt, *Baruch atta ba-ir* (בָּרוּךְ אַתָּה בָּעִיר 'gesegnet bist du in der Stadt', *Dewarim* 28:3), weitere Segnungen aus den Prophetenbüchern und schließlich der berühmte Psalmvers *HASCHEM os le-ammo jitten, HASCHEM jewarech et ammo wa-schalom* (ה׳ עֹז לְעַמּוֹ יִתֵּן, ה׳ יְבָרֵךְ אֶת עַמּוֹ בַשָּׁלוֹם 'der Ewige gibt seinem Volk Macht, der Ewige segnet sein Volk mit Frieden', *Tehillim* 29:11).

Wir beginnen die neue Woche mit diesen Versen, damit das erste, was wir tun, mit Segen und Heiligkeit verbunden ist. Nach Hawdala *We-jitten lecha* zu sagen, gilt als ein wichtiges gutes Vorzeichen für Erfolg und gute Einkünfte in der ganzen Woche.

☞ Es ist üblich, dass zwei Personen diese Textpassagen zusammen sagen, z.B. zwei Freunde, Vater und Sohn oder ein Ehepaar – denn *We-jitten lecha* ist in der zweiten Person geschrieben, so wie ein Mensch einen anderen segnet.

☞ Frauen und Mädchen sind nicht zu *We-jitten lecha* verpflichtet, aber eine Frau kann es, wie erwähnt, mit ihrem Ehemann sagen.

Kiddusch Lewana (Heiligung des Neumonds)

Kiddusch Lewana ist die Bezeichnung eines Gebets, das wir einmal im Monat anlässlich der „Wiedergeburt" des Mondes sagen. Damit danken wir G"tt dafür, dass Er den Mond erschaffen hat und ihn jeden Monat wieder „erneuert".

Im jüdischen Kalender spielt der Mondzyklus (von Neumond bis Neumond) eine zentrale Rolle, und die Daten aller jüdischen Feiertage sind darauf bezogen. Daher hat der Beginn des neuen Monats für uns eine besondere Bedeutung, die auch darin zum Ausdruck kommt, dass es dafür ein besonderes Gebet gibt.

Der Mond, der sich jeden Monat erneuert, ist ein Symbol für das jüdische Volk: So wie der Mond jeden Monat abnimmt

und wieder zunimmt, durchläuft auch das jüdische Volk in seiner langen Geschichte immer wieder Phasen von Abnahme und Zunahme.
Im Rahmen von Kiddusch Lewana „trösten“ wir den Mond und auch uns selbst: Wir werden, wenn der Maschiach kommt, an den uns angemessenen Platz unter den Völkern der Welt zurückkehren, so wie auch der Mond zu seinem ursprünglichen Zustand zurückkehren wird. Als er erschaffen wurde, leuchtete er nämlich genauso stark wie die Sonne.

Wann wird Kiddusch Lewana gesagt?

Man sagt Kiddusch Lewana einmal im Monat. Grundsätzlich kann man das tun, sobald man die Mondsichel wieder sieht. Manche warten jedoch mindestens bis drei Tage nach Neumond, und nach der Kabbala soll man sogar sieben Tage warten, weil dann der Mond schon so viel Licht wirft, dass man davon Nutzen haben kann.

☞ Kiddusch Lewana kann man nur sagen, wenn der Mond sichtbar ist. Es genügt allerdings, wenn man ihn nur zum Teil sieht oder sein Licht durch einen Wolkenschleier hindurch deutlich erkennen kann.

Kiddusch Lewana kann einem beliebigen Abend gesagt werden, solange der Mond noch zunimmt, aber die beste Zeit dafür ist direkt nach Schabbat-Ausgang, wenn man in einer größeren Gruppe ist und noch die schönen Schabbat-Kleider trägt.

☞ In einer Jahreszeit, in der der Mond oft von Wolken verdeckt ist, sollte man die erste Gelegenheit für Kiddusch Lewana nutzen und nicht bis Motza'ej Schabbat warten.

Frage: Früher beteten verschiedene Völker, die Götzen dienten, die Sonne oder den Mond an. Erinnert Kiddusch Lewana nicht auch ein wenig an diesen Brauch von Götzendienern?

Antwort: Ganz im Gegenteil! Mit Kiddusch Lewana preisen wir den **Schöpfer**, der den Mond erschaffen hat. Das Gebet wird **über** den Mond gesagt, aber nicht **zu** ihm, denn das Judentum verbietet es, irgendetwas außer dem einen und einzigen G"tt anzubeten (einschließlich Sonne, Mond und Sterne).

So unterstreicht auch der Brauch, nach Kiddusch Lewana die Zitzit des Tallit Katan in die Hand zu nehmen, dass wir zum Schöpfer der Welt beten, der uns die Mitzwot gegeben hat – unter anderem die Mitzwa der Zitzit, die uns an alle 613 Mitzwot erinnern sollen.

Der Ablauf von Kiddusch Lewana

☞ Kiddusch Lewana sagt man normalerweise unter freiem Himmel und im Stehen, in Richtung Jerusalem gewendet (und nicht zum Mond hin).

Man beginnt mit *Halelujah halelu et HASCHEM min ha-schamájim* (הַלְלוּיָהּ הַלְלוּ אֶת ה' מִן הַשָּׁמַיִם 'rühmt den Ewigen, rühmet den Ewigen von den Himmeln'). Dieser Psalm beschreibt, wie alle himmlischen Heerscharen G"tt loben und preisen: „Rühmt Ihn, Sonne und Mond, rühmt Ihn, alle strahlenden Sterne“ (*Tehillim* 148:3).

☞ Bei der Beracha für den Neumond steht man mit geschlossenen Beinen; davor schaut man einmal kurz auf den Mond.

Es folgt nun das Kernstück von Kiddusch Lewana, die Beracha *Baruch atta ... ascher be-ma'amaro bara schechakim* (בָּרוּךְ אַתָּה ... אֲשֶׁר בְּמַאֲמָרוֹ בָּרָא שְׁחָקִים 'gesegnet seist Du, ... der mit Seinem Wort die Himmel geschaffen hat'). Dabei erwähnen wir, dass G''tt allen Himmelskörpern feste Zeiten und Aufgaben zugeteilt hat und sie nicht plötzlich ihren Lauf ändern können. Sie kommen aber ihrer jeweiligen Aufgabe mit großer Freude nach, denn sie wissen, dass sie damit den Willen G''ttes erfüllen.

☞ Während der Beracha schaut man **nicht** auf den Mond, sondern auf den Text.

Der nun folgende Abschnitt *Baruch ossech* (בָּרוּךְ עֹשֵׂךְ 'gesegnet ist Er, der dich gemacht hat') wird dreimal gesagt. Zunächst loben wir G''tt dafür, dass Er den Mond erschaffen hat. Dann wünschen wir uns, dass so wie wir den Mond nicht erreichen können, wenn wir nach ihm springen, auch unsere Feinde nicht an uns herankommen können. Dabei erheben wir uns dreimal auf die Zehenspitzen.

Die nächsten drei Teile werden auch je dreimal gesagt, um ihnen Nachdruck zu verleihen:

- *David, mélech Jissra'el chaj we-kajam* (דָּוִד מֶלֶךְ יִשְׂרָאֵל חַי וְקַיָּם 'David, König von Israel, lebt und ist dauernd')

- *Schalom aléjchem* (שָׁלוֹם עֲלֵיכֶם ‘Friede Dir’, was wir jedesmal zu einer anderen Person sagen, die mit *Aléjchem schalom* antwortet)
- *Siman tow u-masal tow jehe lánu u-l’chol Jissra’el, Amen* (סִמָּן טוֹב וּמַזָּל טוֹב יְהֵא לָנוּ וּלְכָל יִשְׂרָאֵל אָמֵן ‘möge es ein gutes Omen und ein gutes *Masal* für uns und ganz Israel sein, Amen’)

Dann zitieren wir aus dem Hohelied von König Schelomo: *Kol dodi hinneh seh ba* (קוֹל דּוֹדִי הִנֵּה זֶה בָּא ‘Stimme meines Geliebten! Siehe, da kommt er’, *Schir ha-Schirim* 2:8). In diesem poetischen Text vergleicht König Schelomo den Maschiach mit einem Geliebten, der so schnell herbeikommt wie ein Hirsch oder ein junges Reh. Die Erlösung wartet sozusagen schon hinter den Kulissen, und der Maschiach schaut aus dem Fenster und späht durch die Spalten in der Mauer, um zu sehen, ob wir für sein Kommen schon bereit sind.

Es schließen sich zwei Psalmen an, *Schir ha-ma’alot, essa ejnaj el he-harim* (שִׁיר לַמַּעֲלוֹת אֶשָּׂא עֵינַי אֶל הֶהָרִים ‘Ein Stufenlied: ich erhebe meine Augen zu den Bergen’, *Tehillim* 121) und *Halelujah, halelu Kel be-kodscho* (הַלְלוּיָהּ הַלְלוּ קֵל בְּקָדְשׁוֹ ‘rühmt den Ewigen, rühmt G”tt in Seiner Heiligkeit’, *Tehillim* 150). Danach sagen wir den Abschnitt *Tana de-wej Rabbi Jischma’el* (תָּנָא דְבֵי רַבִּי יִשְׁמָעֵאל ‘in der Akademie von Rabbi Jischmael wurde gelehrt’) aus dem Talmud-Traktat *Sanhedrin*, der die Wichtigkeit von Kiddusch Lewana betont: Selbst wenn dem Volk Israel nur diese eine Mitzwa aufgetragen worden wäre, wäre das schon genug gewesen, denn wenn man den Mond begrüßt, ist das so, als würde man die Schechina, die Gegenwart G"ttes, begrüßen.

Nun folgt die schon erwähnte Bitte, dass G"tt dem Mond sein ursprüngliches Licht zurückgeben möge, so dass es wie bei der Erschaffung der Welt dem der Sonne ähnelt. Zugleich wünschen wir uns, dass auch das Volk Israel zu seinem ursprünglichen Status zurückkehrt und alle Völker seine Größe und besondere Bedeutung anerkennen.

Wir beenden Kiddusch Lewana mit dem Psalm *Lamnatzéach bi-n'ginot mismor schir* (לַמְנַצֵּחַ בִּנְגִינֹת מִזְמוֹר שִׁיר 'für den Sangmeister, ein Lied mit Instrumentalmusik, ein Psalm', *Tehillim* 67) und *Aléjnu le-schabbéach* (עָלֵינוּ לְשַׁבֵּחַ 'an uns ist es, zu rühmen').

☞ Wenn ein Minjan anwesend ist, wird zum Abschluss das Kaddisch der Trauernden gesagt.

☞ Wie schon erwähnt, ist es Brauch, die Zitzit in die Hand zu nehmen.

Da man Kiddusch Lewana meist bei geringer Beleuchtung sagt, ist der Text in manchen Siddurim größer gedruckt. In vielen Gemeinden gibt es für Kiddusch Lewana gut lesbare Tafeln oder auch ein Schild an der Aussenwand der Synagoge. Daher kommt der Ausdruck „Kiddusch-Lewana-Buchstaben" für eine besonders große Schrift.

Nach Schabbat

☞ Es ist ein schöner Brauch, gleich nach Schabbat-Ausgang den großen Tallit ordentlich zusammenzufalten, den man zu Schacharit und Mussaf getragen hat. Abgesehen davon, dass man damit den Tallit sauber und in Ehren hält, ist es von symbolischer Bedeutung, die neue Woche mit etwas zu beginnen, das mit den Mitzwot zusammenhängt.

☞ Soweit möglich, sollte man die Schabbat-Kleider noch anbehalten, um das Gefühl der Heiligkeit des Schabbat noch zu verlängern.

☞ Ebenso sollte man sich am Abend nach Schabbat-Ende nicht mit geschäftlichen Angelegenheiten, Einkäufen und anderen Dingen beschäftigen, die mit Geld zu tun haben.

Melaweh Malka

Es ist üblich, nach Schabbat-Ausgang eine etwas festlichere Mahlzeit zu essen, die man *Melaweh Malka* ‘Begleitung der Königin’ nennt, weil wir damit, ehe wir in den Alltag zurückkehren, sozusagen die Königin Schabbat noch ein wenig begleiten, wenn sie von uns weggeht.

Man sollte sich bemühen, bei dieser Mahlzeit Brot zu essen; wenn man sich dazu nicht in der Lage sieht, genügt auch Kuchen oder etwas anderes, worüber die man *boreh minej mesonot* (בּוֹרֵא מִינֵי מְזוֹנוֹת ‘der verschiedene Speisen erschafft’) sagt, und notfalls sogar irgendeine Kleinigkeit.

Bei der Melaweh Malka ist es üblich,

- Kerzen auf den Tisch zu stellen;
- poetische Texte für Motza'ej Schabbat zu rezitieren oder zu singen, um die Schabbat-Königin zu „begleiten“;
- um Segen für gutes Einkommen, Gesundheit und Frieden zu bitten;
- Geschichten von Gerechten zu erzählen, die Vertrauen in G"tt und Ehrfurcht vor Ihm fördern.

☞ Nach der Mahlzeit darf man das Tischgebet (*Birkat ha-Mason*) nicht vergessen.

Das Gebet vor dem Schlafengehen

Wenn man das Gebet vor dem Schlafengehen (*Keri'at schema al-ha-mitta*) **vor** der Mitte der Nacht sagt, lässt man die Passagen aus Tachanun aus, d.h. *Elokéjnu w-Elokej awotéjnu* (אֱלֹקֵינוּ וֵאלֹקֵי אֲבוֹתֵינוּ 'unser G"tt und G"tt unserer Väter'), *Aschámnu* (אָשַׁמְנוּ 'wir haben [gegen Gebote] verstoßen') und *Atta jodéa rasej olam* (אַתָּה יוֹדֵעַ רָזֵי עוֹלָם 'Du kennst die Geheimnisse der Welt'). Dagegen sagt man die Teile, die am Freitagabend entfallen, nämlich das einleitende *Ribbono schel olam* (רִבּוֹנוֹ שֶׁל עוֹלָם 'Meister der Welt') sowie *La-m'natzéach mismor le-David* (לַמְנַצֵּחַ מִזְמוֹר לְדָוִד 'dem Sangmeister, ein Psalm von David', *Tehillim* 51).

Anhang: Die besonderen Schabbatot

Einige Schabbatot haben besondere Namen, meist nach der Tora- oder Haftara-Lesung an diesem Tag. Der folgende kurze Überblick beschreibt diese Schabbatot gemäß ihrer Reihenfolge im jüdischen Jahr.

Schabbat mewarechim

Als *Schabbat mewarechim* ‘Schabbat, an dem man segnet’ bezeichnet man jeden Schabbat vor dem Beginn eines jüdischen Monats. Vor Mussaf sagen wir *Birkat ha-Chódesch* und kündigen dabei an, auf welchen Wochentag Rosch Chodesch fällt (siehe Seite 135).

☞ An diesem Schabbat ist es Brauch, früher als gewöhnlich aufzustehen, um vor Schacharit das gesamte Buch der Psalmen (*Tehillim*) zu lesen. Dieser Brauch hat eine besondere Kraft, demjenigen, der die Psalmen liest, wie auch seinen Kindern und Enkeln Wohlstand und Erfolg zu bringen.

☞ An diesem Schabbat wird in vielen Gemeinden nach dem Ende des Gebets ein Kiddusch gegeben (siehe Seite 65).

Schabbat Schuwa

Zwischen Rosch Haschana und Jom Kippur liegt *Schabbat Schuwa*. Er ist nach der Haftara benannt, die mit den Worten beginnt: ***Schuwa** Jissra’el ad HASCHEM Elokécha* (שׁוּבָה יִשְׂרָאֵל עַד ה' אֱלֹקֶ־יךָ ‘kehre um, Israel, zum Ewigen, deinem G”tt’, *Hoschea* 14:2). Dieser Schabbat wird auch als

Schabbat Teschuwa ‘Schabbat der Umkehr’ bezeichnet, weil er in die zehn Tage der Umkehr (*Teschuwa*) zwischen Rosch Haschana und Jom Kippur fällt.

Schabbat Bereschit

Der Schabbat, an dem wir den jährlichen Zyklus der Tora-Lesungen mit dem ersten Wochenabschnitt ***Bereschit*** beginnen, liegt nach Simchat Tora und ist der letzte Schabbat im hebräischen Monat Tischri.

Schabbat Schira

Im Wochenabschnitt *Beschallach*, meist in der Zeit um Tu bi-Sch’wat, lesen wir das Lied am Schilfmeer: *As jáschir Mosche u-w’nej Jissra’el et ha-**Schira** ha-sot* (אָז יָשִׁיר מֹשֶׁה וּבְנֵי יִשְׂרָאֵל הַשִּׁירָה הַזֹּאת אֶת ‘damals sang Mosche mit den Kindern Israels dieses **Lied**’, *Schemot* 15:1-18).

Schabbat Schekalim

An vier Schabbatot vor Purim und Pessach lesen wir als Maftir (siehe Seite 131) nicht noch einmal das Ende des Wochenabschnitts, sondern eine besondere Passage. Der erste Schabbat dieser „vier Abschnitte“ (*Arba Parschijot*) liegt vor Rosch Chodesch Adar (im Schaltjahr Adar II) oder fällt mit ihm zusammen. Man liest dann einen Abschnitt, der von der Pflicht jedes Juden handelt, für die gemeinschaftlichen Opfer im Tempel in Jerusalem jährlich eine Münze von einem halben Schekel (Plural ***Schekalim***) zu zahlen (*Schemot* 30:11-16).

Schabbat Sachor

Der zweite Schabbat in der Reihe ist der vor Purim. Als Maftir liest man ***Sachor** et ascher assa lecha Amalek* (זָכוֹר אֵת אֲשֶׁר עָשָׂה לְךָ עֲמָלֵק '**denke** an das, was dir Amalek getan', *Dewarim* 25:17-19). Damit erfüllen wir die Pflicht, an den Krieg zurückzudenken, den das Volk Amalek kurz nach dem Auszug aus Ägypten gegen das Volk Israel führte. Weil es besonders wichtig ist, diesen Abschnitt zu hören, gibt es oft eine zusätzliche Lesung zu einer späteren Zeit. Zugleich haben wir die Pflicht, alles auszulöschen, was an Amalek erinnert.

Dieser Abschnitt wird kurz vor Purim gelesen, denn dann feiern wir, dass Haman seinen Plan, das ganze jüdische Volk zu vernichten, nicht verwirklichen konnte, sondern mitsamt seinen zehn Söhnen gehenkt wurde – und Haman war ein direkter Nachkomme von Agag, dem König von Amalek.

Schabbat Para

Der dritte besondere Schabbat ist immer der vor *Schabbat ha-Chódesch*. Die Maftir-Lesung handelt von der roten **Kuh** (***Para** aduma*), deren Asche für die rituelle Reinigung vom Kontakt mit einem Toten benötigt wird (*Bamidbar* 19).

Schabbat ha-Chódesch

Der vierte und letzte Schabbat in der Reihe der „vier Abschnitte" fällt auf Rosch Chodesch Nissan oder davor. Der Abschnitt, den man als Maftir liest, beginnt mit: ***Ha-Chódesch** ha-seh lachem Rosch Chodaschim* (הַחֹדֶשׁ הַזֶּה לָכֶם רֹאשׁ חֳדָשִׁים 'dieser **Monat** sei euch der erste der Monate',

Schemot 12:1-20). Damit wird unter anderem festgelegt, dass in der Tora mit „der erste Monat“ der von Pessach gemeint ist (den wir heute Nissan nennen).

Schabbat ha-Gadol

Der Schabbat vor Pessach heißt *Schabbat ha-Gadol* ‘der große Schabbat’. Eine Erklärung dafür ist, dass an dem Schabbat vor dem Auszug aus Ägypten große Wunder geschahen. So ließen es die Ägypter geschehen, dass an diesem Tag in allen Häusern des Volkes Israel ein Schaf (das man in Ägypten als Götzen verehrte) an den Bettpfosten gebunden wurde, um es später als Pessach-Opfer zu essen. Außerdem drängten die ägyptischen Erstgeborenen ihre Väter, die israelitischen Sklaven freizulassen, um die letzte der Zehn Plagen abzuwenden.

Ein zweiter Grund für den Namen dieses Schabbats ist der Schluss der Haftara: *lifnej bo jom HASCHEM* ***ha-gadol*** *we-ha-nora* (לִפְנֵי בּוֹא יוֹם ה׳ הַגָּדוֹל וְהַנּוֹרָא ‘vor dem Eintreffen des **großen** und überwältigenden Tages des Ewigen’, *Mal’achi* 3:23).

☞ Es ist üblich, dass der Rabbiner an diesem Schabbat einen Lernvortrag zu den Pessach-Vorschriften hält.

Schabbat Chason

Die Haftara am Schabbat vor Tisch’a be-Aw (an dem man den Wochenabschnitt *Dewarim* liest) beginnt mit den Worten: ***Chason*** *Jescha’jáhu wen Amotz* (חֲזוֹן יְשַׁעְיָהוּ בֶן אָמוֹץ ‘**Vision** des Jeschajahu, des Sohnes von Amotz’, *Jeschajahu* 1:1). Sie beschreibt den schlimmen seelischen Zustand des

Volkes Israel zur Zeit des Ersten Tempels, der schließlich dazu führte, dass die Zehn Stämme ins Exil gebracht wurden und der Tempel zerstört wurde.

Rabbi Levi Jitzchak von Berditschew pflegte zu sagen, dass dieser Schabbat deshalb *Schabbat Chason* genannt wird, weil an ihm der Seele jedes Juden eine Vision des Dritten Tempels gezeigt wird, damit er sein Verhalten verbessert und würdig wird, noch zu seinen Lebzeiten den Wiederaufbau des Tempels zu sehen.

Schabbat Nachamu

Zum Schabbat nach Tisch'a be-Aw (und dem Wochenabschnitt *Waetchannan*) gehört die Haftara ***Nachamu** nachamu ammi* (נַחֲמוּ נַחֲמוּ עַמִּי ‘**tröstet**, tröstet mein Volk’, *Jeschajahu* 40:1), eine Vision von Trost und Erlösung.

Nachwort zur deutschen Ausgabe

Liebe Leser,

der Schabbat ist seit der Entstehung unseres Volkes das Herzstück jüdischen Lebens. Man kann seine Bedeutung nicht überschätzen, und nach dem Talmud ist der Schabbat sogar allen anderen Geboten gleichzusetzen. Er ist für das jüdische Leben so zentral, dass der Ausdruck *Schomer Schabbat* ('Schabbat-Hüter') im allgemeinen Sprachgebrauch einen Juden bezeichnet, der generell die Mitzwot hält.

Wenn die Tora darüber spricht, welche Wirkung der Schabbat auf den Menschen hat, sagt sie: „denn ein Zeichen ist er zwischen Mir und euch in allen Generationen, damit man wisse, dass Ich, der Ewige, es bin, der euch heiligt“ (כִּי אוֹת הִוא בֵּינִי וּבֵינֵיכֶם לְדֹרֹתֵיכֶם לָדַעַת כִּי אֲנִי ה' מְקַדִּשְׁכֶם, *Schemot* 31:13). Wenn der Mensch den Schabbat hält, wird er also von G"tt geheiligt. Das bedeutet, dass unser Ruhen am Schabbat uns grundlegend verändert. Diese Oase von innerlicher Ruhe und Frieden können wir wahrhaftig eine „zusätzliche Seele“ nennen (siehe Seite 17) – es ist G"ttes Ruhe und Frieden, die Er mit uns teilt! Wer möchte das nicht erleben?

Wir hoffen, dass dieses Buch Ihnen geholfen hat, besser zu verstehen, wie Schabbat gelebt wird. Wir möchten Ihnen darüber hinaus einige weiterführende Texte auf Deutsch empfehlen, die Sie alle auf unserer Webseite www.booksnbagels.com bestellen können (in Klammern haben wir die Artikelnummern angegeben):

Gebetbücher

Siddur Tehillat HASCHEM, Hebräisch/Deutsch (999800017104)

Siddur Schma Kolenu, Hebräisch/Deutsch (999800010201)

Siddur Sefat Emet, Hebräisch/Deutsch (999800002093)

Bücher über Schabbat

R' Pinchas Peli, *Schabbat Schalom – Schabbat: Eine Insel in unserer Zeit* (999800009757)

R' B. Posen, *Hilchos Schabbos* [Die Schabbat-Vorschriften] (999800001899)

R' Eduard Biberfeld, *Die Schabbatgebote*, bearbeitet von Ulrich M Lohse (999800016758)

Sprüche der Väter

R' Isaak Seckel Bamberger, *Die Sprüche der Väter* (999800001932)

R' Samson Raphael Hirsch, *Sprüche der Väter* (999800001911)

R' Markus Lehmann, *Sprüche der Väter*, 3 Bände (999800002097)

Für Kinder

Ellen Emerman, *Ist es schon Schabbos?* (999800001873)

Team Books & Bagels